これからの
英語の文字指導

書きやすく 読みやすく

手島 良
Teshima Makoto

はしがき

　日本における英語の手書き文字の指導が「時代遅れ」であることをご存知でしょうか。

　「時代遅れ」の理由は大きく言って2つあります。1つめは、「活字体」と呼ばれる文字を「英語で使う手書き文字」として、今も指導していることです。言い換えれば、"英語の本場＝イギリス"の小学校で子どもたちが習っている文字は、「活字体」ではない、ということです。

　たしかにイギリスでも、かつては、まず最初に「活字体」が教えられ、「活字体」が書けるようになったら「筆記体」に移るよう、小学校の先生が指導していた時期がありました。けれども、その後（はるか80年以上も前のことですが）、「活字体」や「筆記体」は手書き文字としてふさわしくない、ということが教育の専門家から指摘されるようになり、代わりに別の書体を指導することが推奨されるようになったのです。

　「時代遅れ」であるもう1つの理由は、文字の教え方です。日本の文字指導を見てみると、大文字（AからZの26文字）と小文字（aからzの26文字）の「名前」と「形」を教えるだけに留まっていることが多いようです。けれども、イギリスでは文字の「字形」や「筆法」に着目した指導が一般的です。たとえば、反時計回りの曲線と短い縦棒からできているaの次に、長い縦棒と時計回りの曲線からできているbを書くのでは、腕・指先の動きがまったく違いますから、筆法に慣れたり、字形を整えたりするのは困難です。

　"英語の本場"であるイギリスの「手書き文字指導」から学ぶべきことを採り入れ、また（これまでの）中学1年生に指導してきた経験から、日本の学習者にとって最も「易しくて優しい」文字との出会いができるように願って、この本を著しました。その経験の中には、勤務校の中学1年生をいっしょに担当した同僚からもらったアイディアや意見も入っています。

これまで、英語の「手書き文字指導」はずいぶん軽視されてきたように思います。小学校4年生終了時までに600字、小学校卒業までに1000字を越える漢字を学習してきた生徒にとって、「英語の文字はわずか52文字に過ぎないし、しかも漢字に比べると"画数"も少ないのだから」という思い込みからです。それゆえに、私立の中学校によっては、入学前の春休みに「ペンマンシップ」の本を渡され、「入学式までに自習しておくこと」と当たり前のように指示されることもあったほどです。まるで、「英語で使う52文字くらい、教師なんかいなくても、身につけられるはず！」と言わんばかりです。

　けれども、わずか52文字とはいえ、新たな文字を身につけるのは大変なことです。いきなり皆さんが、ロシア語のペンマンシップの冊子を渡されて、「説明を読み、お手本をよく見て、ロシア文字の形と名前を2週間以内にすべて覚え、書けるようにしておきなさい」という指示を受けたらどうでしょうか。ロシア文字ではなく、ハングルでもアラビア文字でも構いません。そのときの「不安感」「焦燥感」「絶望感」たるや、想像に難くないと思います。

　さらにそのあとには、その文字は単語の中に入ったとたん読み方が一変する、という大きな壁が待ち受けています。

　英語の文字は、英語という言語そのものへの入口の1つです。私たち英語教師は、何としてもここで生徒をつまずかせたくはありません。さらに言えば、英語の文字は、その後の英語学習のあらゆる場面で重要な役割を果たします。入門期に適切な指導をしておくことが、その後の学習を陰から支えるのです。本書を通して、先生方が新たな「英語の手書き文字の指導」を進めていただくお手伝いができれば幸いです。

　なお、刊行に至るまで、研究社の津田正さん、高野渉さんには大変お世話になりました。ここに記してお礼申し上げます。

小学校における「外国語(英語)」の教科化を目前にして
2018年12月　手島　良

目　次

はしがき　*iii*

ハンドアウトについて　*viii*

用語について　*x*

第1章　なぜ英語の文字指導に改革が必要なのか？ ……… *1*

第1節　まずは書体を比較すると　*2*

第2節　英語の文字に対して生徒が抱く疑問　*11*

第3節　文字指導のCAN-DOリスト　*16*

第2章　文字を教える ……… *29*

第1節　文字指導の考え方　*30*

第2節　大文字の読み方　*32*

第3節　大文字の書き方　*45*

第4節　小文字の読み方　*53*

第5節　小文字の書き方　*57*

第6節　大文字と小文字を結びつける　*69*

第7節　大文字と小文字の練習　*79*

第3章 語を教える ……… 87

第1節　文字・綴りと発音の関係に着目して　88
第2節　筆法に着目して　98

第4章 文を教える ……… 103

第1節　文の指導事項　104
第2節　語と語の間の空け方　104
第3節　大文字と斜字体の使い方　105
第4節　句読点の使い方　108
第5節　段落の作り方　120

第5章 続け字を教える ……… 125

第1節　続け字の利点　126
第2節　続け字の練習(筆法に着目して)　132

新旧『学習指導要領』(小・中)文字関係対照表　134
参考文献　136

コラム

- 「活字体」「ブロック体」また「筆記体」という用語について　*10*
- 「筆記体」に関する『学習指導要領』の認識について　*25*
- 印刷文字の書体について　*63*
- 現代体の字形の整え方　*74*
- 左利きの生徒の指導について　*83*
- 綴りの間違いの修正法　*97*
- 手書き文字の「間違い」　*100*
- 合字について　*122*

ハンドアウトについて

■ハンドアウトとは？
・本書は Web 上に「ハンドアウト」を用意しています（PDF 形式）。このハンドアウトを適宜参照しながら読むと、より深く内容を理解することができます。
・サイズは B5 判で、全 74 回です。
・プリントアウトしてそのまま授業で使えます。
・本書の第 2 章以降にある次のような表記は、対応するハンドアウトを示しています。

▶【21】小文字を書く（似た文字ごと）

■ハンドアウトの使い方
授業で必要なページを選んで印刷し、生徒に配って取り組ませてください。

■ダウンロード方法
研究社の書籍紹介ページからダウンロードできます。
① 研究社の公式 Web サイト（http://www.kenkyusha.co.jp）をひらく。
② 左上の［書籍検索］欄に、「これからの英語の文字指導」と入力。
③ 本書の書籍紹介ページを開き、「ハンドアウトをダウンロード」をクリック。
④ 以下の「ユーザー名」「パスワード」を入力すると、ダウンロードが始まる。

　ユーザー名：guest
　パスワード：htehjs4107

※ハンドアウトの PDF ファイルの再配布・転載は固く禁じます。

21

(3) 反時計回りの円(の一部)が入っている文字

| c | c | c | | | | | | | c |

| e | e | e | | | | | | | e |

| o | o | o | | | | | | | o |

(4) 反時計回りの円と縦線が入っている文字

| a | a | a | | | | | | | a |

| d | d | d | | | | | | | d |

| g | g | g | | | | | | | g |

| q | q | q | | | | | | | q |

(5) 反時計回りのコブが入っている文字

| u | u | u | | | | | | | u |

| y | y | y | | | | | | | y |

ハンドアウト【21】の一部

用語について

　本書で使う用語を中心に、知っておくと便利な用語をまとめておきます。なお、文字指導について、広く使われている日本語の用語(あるいは定訳)がないため、ここに記した日本語は、私が本書で提案する用語です。今後、多くの人々によって、より洗練された、より適切な用語が定まり、定着していくことを望んでいます。

●手書き文字のガイドとなる4線

　①最高線(ascender line, top line)
　②中間線(mean line, mid-line)
　③基本線(base line)
　④最低線(descender line)

●文字の高さ(文字高)について

・大文字高(cap height/ capital height)
　書体によっては、大文字の高さが最高線よりも低いことがあります。そのような場合、大文字の高さをこう呼びます。大文字高と最高線が同じ書体もあります。

● 小文字の高さについて

① 基本高 (x-height)：acemnorsuvwxz
② 上二段高 (かみにだんこう／英語の名称なし)：bdhkl
③ 下二段高 (しもにだんこう／英語の名称なし)：gpqy

● 文字の部位について

このほか、文字の部位について、次のような名称があります。
・上伸部 (ascender)：bdhk の文字のうち、中間線より上の部分
・下垂部 (descender)：gpqy の文字のうち、基本線より下の部分

● 続け字を書く際に必要な線について

・接続線 (connecting stroke)

鉛筆の芯を紙から離さずに文字と文字をつなげて書こうとするときに生まれる線。左の文字の終点から右の文字の始点とをつなぐもの。

minimum のそれぞれの文字の終点から右の文字の始点に向かって右上に伸びる線。ox の o の終点から、x の始点に向かって右横に伸びる線。

第1章

なぜ英語の文字指導に改革が必要なのか？

第1節　まずは書体を比較すると

「なぜ英語の文字指導が必要なのか？」を考えるにあたり、最初に、英語の書体について考えてみたいと思います。

まずは、従来から指導されてきた活字体を、あらためてじっくり観察してみることにしましょう。

《活字体》

ABCDEFGHIJKLMNOPQRSTUVWXYZ

abcdefghijklmnopqrstuvwxyz

いわば見慣れ(過ぎ)ている文字ですから、その特徴を挙げるのも、かえって難しいかもしれません。けれども、特に小文字に注目してみると、次のような特徴があることがわかります。

活字体の特徴
①直立している。
②大半の文字は、直線(垂直線・斜線)と正円(の一部)の組み合わせでできていて、字形が単純である(この特徴から、活字体は ball and stick と呼ばれることがある)。しかし、定規とコンパスを使って書くかのような字形は、人間の手指の自然な動きに反しているため、見かけと異なり、きれいに手書きするのは難しい。
③2画以上の文字が多い。たとえば、a は円の一部である c に垂直線 l を書き足す2画の文字である。c を書き終わってから l に移るまでに、鉛筆の芯を一度紙から離さなくてはならず(これを pen lift と呼ぶ)、ともすれば、c と l が交わってしまったり、c と l が離れてしまったりしがち。これを防ぐためにはかなり慎重になる必要があり、画数と相まって、書くのに時間がかかる(n も、l を書いたあと pen lift をし、⌒ を書き足すので2画である)。

【c と l が交わってしまった例、c と l が離れてしまった例】

④鏡像関係にある文字が多い。たとえば、bとd,pとqは左右対称であり、bとp,dとqは上下対称である。そのため、認識が難しく、学習者が混乱することがある。

⑤動きのない文字で、字形も図形的であり、美しくない。

「入門期の英語の手書き文字＝活字体」ということは、日本の英語教育の世界では当たり前過ぎるほどの話ですが、実は、いろいろな問題点が潜んでいることが、おわかりいただけるかと思います。

では、本書で提案をし、指導していきたいと考えている手書き文字はどんなものでしょう。ご覧ください(実際の手書き文字ではなく、手書き文字の手本になるよう作られた Sassoon という名前のフォントで示します)。

《現代体》

ABCDEFGHIJKLMNOPQRSTUVWXYZ

abcdefghijklmnopqrstuvwxyz

現在、イギリスの小学校で広く教えられている手書き文字ですが、ご覧になっての印象はいかがでしょうか。

本書では、上に掲げた文字の書体を、旧来の「活字体」と対比して、「現代体」と呼ぶことにしますが、その現代体で、活字体の欠点がどれほど解消されているか、見てみることにしましょう。

現代体の特徴
① 右に少し傾いている。
② 大半の文字は、右に傾いた直線と"楕円(の一部)"からできている。そのため、特に右利きの人には、自然な手指の動きに合っていて、書くときに手指にかかる負担が少ない。
③ 1画で書ける文字がきわめて多い。たとえば a は右上から書き始めた楕円をいったん閉じて完成させたあと、そのまま逆 V 字の折り返しをすればよいので、途中で鉛筆の芯を紙から離すことなく滑らかに「一筆書き」できる。そのため、2画の a(活字体)よりも短時間で書ける上、活字体のときに起こった問題(c と l が交わってしまったり、c と l が離れてしまったりということ)は起こらない。
④ 少し傾斜していることや、正円(の一部)でなく楕円を使うため、鏡像関係になる文字がなく、文字認識の点からも学習者にやさしい。
⑤ 活字体に比べて、動きが感じられる文字で、見た目にも軽やかで美しい。

では、画数に触れたついでに、活字体と現代体の小文字の画数を比較してみましょう。

	活字体	現代体
1画	c, e, l, o, s, v, w, z (8字)	a, b, c, d, e, g, h, l, m, n, o, p, q, r, s, u, v, w, y, z (20字)
2画	a, b, d, f, g, h, i, j, k, n, p, q, r, t, u, x, y (17字) (筆順によっては v)	f, i, j, k, t, x (6字)
3画	m (1字)	なし
4画	(筆順によっては w)	なし

26文字の総画数を見てみると、活字体は 45 画(筆順によっては 49 画)、現代体は 32 画。pen lift なしで書ける文字が多いことは、書きやすさと速さにつながります。

ところで、現代体を見て、y という字形にお気づきになったでしょうか。よ

く目にするのは ɣ のような字形です。これについて補足しておきます。

　活字体にはない字形ですし、一般の活字とも異なる字形で、しかも日本ではあまり目にしない字形ですから「わかりにくい」と思われるかも知れません。けれども、これは文字を一筆書きで書くため(つまり、画数を減らすのと同時に、pen lift のせいで、接するはずの画同士が交差したり、あるいは逆に、離れてしまったりすることを防ぐため)に、英国で広く採り入れられている字形なのです。もちろん、y と書いてもよいのですが、書き慣れると便利です。生徒に混乱がないようであれば、この形を薦めたいと思います。

　考えてみれば、a と g は、活字体で a, g と書くことになっていたのですから、活字と異なるそのような文字が 2 文字増えた、と捉えればよいと思います。ɣ の形で導入し、定着したところで、y を紹介するのもよいでしょう。y は u に g の終筆が合体したものと捉えれば、筆法的にも特に難しいわけではありません。

　もう 1 文字、補足しておきましょう。f は、上から下に延びる線が 4 線の一番下の線(最低線)まで伸びています。これは、従来の長さの f を急いで書き、第 1 画と横棒がつながってしまったとき、急いで書いて右隣の文字に線がつながってしまったときの s とそっくりに見えてしまうことを防ぐ意味合いがあります。もちろん、従来からの字形である「短い f」で構いませんが、長い f なら、そうした誤読が確実に避けられるというメリットがあります。ただし、一般的な活字と字形が異なるというデメリットは、ここでも生じます。

fine　　　*sign*

【続け字になったときの「短い f」と「隣の文字につながった s」】

　さらに、現代体を勧めるもう 1 つの理由があります。それは一種の "矛盾" を解消するためです。

第 1 節　まずは書体を比較すると　5

これまで日本では、英語学習開始当初に生徒には活字体を(たとえば、ɑを2画で)教えるのみで、その後の文字指導はほとんどなかったと思います。ではその結果、その生徒たちは、どんな文字を書くようになったでしょう。実は、早ければ数ヶ月後、遅くとも1～2年後には、ほとんどすべての生徒が"誰にも教わったことがない"はずの、1画のɑを書くようになっているのです(筆記体を習った生徒は除外して考えます)。

　これはいったい、どういうことなのでしょうか。これには英語教師のホンネとタテマエがあるとにらんでいます。そもそも英語教師は(従来であれば)中学校1年生の4月に英語の文字を教えるにあたって、活字体は教えたくないと潜在的に思っているはずです。なぜか。活字体はさきに挙げた理由で、とにかく書きにくいからです。だからこそ、先生自身もふだん使っていないのです。けれども、英語の文字を教えるにあたって、先生方自身が英語学習を始めたときに活字体を習ったし、教科書にも手書き文字の手本として出ているから、いわば"やむをえず"扱っていると想像するのです。

　その証拠に、4月に2画のɑを教えた先生は、その後、生徒に対して何の断りもないまま、いつのまにか板書の文字を1画のɑに変えています。上で「"誰にも教わったことがない"はずの、1画のɑ」と書きましたが、生徒は、いつのまにか変化した先生の板書の文字を鋭く観察し、自分でも真似するようになったのかもしれません。「あの書き方でいいのなら、そのほうが書きやすくて楽だ」と。

　おわかりいただけるでしょうか。先生方もɑが書きやすいと思っているし、生徒もɑが書きやすいと思っている。だったら、最初から1画のɑを指導すればよいのではないか、ということです。

　現代体を勧める理由はまだあります。この書体に慣れていると、いざ必要になったときに「続け字」が書きやすいということです。「続け字」とは、pen liftなしで次の文字を書き始めることです(第5章で説明します)。無理に生徒に指導する必要はありませんが、少し急いで書こうと思ったときには便利です。

英語は、語と語の間にスペースを設けて書きます。これを「分かち書き」といい、日本語でも「むかし　むかし　あるところに　おじいさんと　おばあさんが　すんでいました」のように、漢字があまり使われていない子ども向けの本などで見かけます。このスペースを目立たせるため、つまり「ここまでが1つの語なんだよ」ということを認識しやすくするためには、1語の中の文字同士はできるだけ密接させて書いたほうが好都合です。その、文字同士を密着させた究極の姿が「続け字」です。そのため、native speaker である英国の小学生は早くからこれに慣れたほうがよいということで、小学校2年生 (Year 2) の時点で続け字を指導するよう、英国版『学習指導要領』ともいうべき National Curriculum (2013) によって求められています。

> Pupils should be taught to start using some of the diagonal and horizontal strokes needed to join letters and understand which letters, when adjacent to one another, are best left unjoined
> （続け文字を書くのに必要となる、斜めや水平の接続線を使い始めるよう指導すると同時に、どういう場合には隣あった文字同士を続け字にしないほうがよいかがわかるよう指導すること）

語の中の文字同士を密接させて書くために、かつて採用されていたのが（活字体を覚えたあとに学ぶ）筆記体でした。ところが、活字体と筆記体は、字形も筆法もあまりに異なるため、その習得には長い時間が必要でした。また、一般の活字と字形が違い過ぎることも、学習者の大きな負担となっていました。

その点、現代体では隣の文字につなげるのがきわめて容易です。文字と文字をつなげるためには、それぞれの文字の形を変えることなく、「接続線 (connecting stroke)」と呼ばれる補助線を補うだけでよく、学習上の負担もきわめて少ないからです。

次の2種類の表記を見比べてみてください。上は「接続線のない現代体」、下は接続線のついた「続け字の現代体」です。違いは接続線の有無だけで、文字そのものの形はほぼ同一であることに着目してください（ここでは、Sassoon Sans Slope そして Sassoon Joined というフォントで示します）。

第1節　まずは書体を比較すると

The quick brown fox jumps over the lazy dog.

The quick brown fox jumps over the lazy dog.

小文字の字形について
　現代体の小文字は、字形と筆法に着目すると、次のように分類することができます。

現代体　小文字の分類
①反時計回りの楕円(の一部)が含まれている：*adqg; o; ce*
②時計回りの楕円が含まれている：*bp*
③反時計回りのコブが含まれている：*uy*
④時計回りのコブ(の一部)が含まれている：*hmn; r*
⑤縦・横の直線(と点)が含まれている：*lit*
⑥斜め方向の直線が含まれている：*kzvwx*
⑦その他：*s, f, j*

　また、文字の構成要素(使われている線の種類や方向、画数)という多角的な視点でまとめてみると、小文字26文字は、次のように分類することも可能です。

　これを見ると、わずか26文字とはいえ、いかに多くの要素が組み合わせられて1つひとつの文字ができているか、そして、文字ごとにその要素が異なっているかがわかります。

第1章 なぜ英語の文字指導に改革が必要なのか？

[手書き文字の分類表]

画数	文字	直線			曲線			折り返し	点
		垂直 ↓	水平 →	斜行 ↗ ↘	反時計回り	時計回り			
1画	l	✓							
	i	✓							·
	v			✓(✓)(✓)					(✓)
	w			✓(✓)(✓)					
	o				✓				
	e				✓				
	c				✓				
	a	✓			✓				
	d	✓			✓				
	u	✓			✓				
	j	✓			✓				✓
	g	✓			✓			✓	
	y	✓		✓				✓	
	r	✓						✓	
	n	✓				✓			
	h	✓				✓			
	m	✓✓				✓			
	p	✓				✓			
	b	✓				✓			
	z		✓✓	✓					
	s				✓	✓(✓)			
2画	t	✓	✓						
	x	✓		✓					
	f	✓	✓			✓			
	k	✓		✓					

第1節 まずは書体を比較すると

「活字体」「ブロック体」また「筆記体」という用語について

　日本の英語教育では、『学習指導要領』を始めとして、古くから「活字体」「筆記体」という用語が使われてきました。あまりにも一般的に使われる用語ですから本書でもこれを使っていますが、この用語は適切なのでしょうか。

　そもそも「活字」とは、活版印刷に使う文字のことです。日本語なら「明朝体」や「ゴシック体」を始めとして、さまざまな書体があります。文字のデザイナーが工夫して作り上げたもので装飾豊かなものもあります。これに対して手書き文字としての「活字体」は形もシンプルですし、線の太さも一定です。「活字体」はどの「活字」をもとにした書体なのでしょうか。不正確な用語です。

　「活字体」は「ブロック体」と呼ばれることもありますが、この用語も適切ではありません。「ブロック体」のもとになったと思われる英語、block letters を *OALD*(第9版)で見てみます。

　　block capitals (also **block letters**) *noun*[pl.] separate capital letters
　　◇ Please fill out the form in *block capitals*.

　「続け字にしないで書いた大文字」のことだとわかります(用例は「この書類は、続け字を使わず、大文字(だけ)で記入してください」と訳せます)。これに対し、「ブロック体」は小文字も含んでいますから、語源不詳のおかしな用語だと言えます。

　また、「筆記体」という用語も、冷静に考えてみれば変です。「筆記」とは「見た事・聞いた事や尋ねられた事を、紙やノートに書く事」(『新明解国語辞典(第七版)』三省堂)ですから、理屈から言えば、手で書いた文字はことごとく「筆記体で書いた」ことになるからです。その用語が特定の書体にのみ充てられているのは、不思議というしかありません。

　なお、英語では「活字体」は print script あるいは manuscript(別名 ball and stick)、「筆記体」は copperplate と呼びます。

第2節　英語の文字に対して生徒が抱く疑問

　ここまで、現在の英語の文字指導の問題点について説明してきました。ここからは、実際にどんなふうに文字指導をすればよいかを説明していきます。ただ、その前に、生徒が英語の文字や表記方法(正書法)などに対して、どんな疑問を抱いているかをここで確認しておきたいと思います。

　生徒が抱く疑問を挙げ、それに対する回答を記します。この中には、私自身が直接聞いた疑問に加えて、創作したものも混じっていますが、いずれにしても、こうした疑問を解決する方向で文字指導を行なっていくことが大切です。

文字を書く方向について

疑問①　英語は横書きばっかりだけど、縦書きはできないの？

回答　縦書きにはしません。例外として、ゴルフの大会で見かける(縦書きの)「QUIET!」のサインがあります。これはボールを打とうとした選手がプレーに集中できるよう、観客に向かって「お静かに！」ということを伝える合図です。

疑問②　日本語では、今は横書きというと左から右が当たり前だけど、昔の写真を見ると、右から左に向かって書いた「前校学小」みたいなバス停の書き方があります。英語でも右から左に書く書き方はあるのですか？

回答　ありません。左から右に向かう書き方だけです。

文字数について

疑問③　漢字をたくさん覚えなくてはならなくて困っているのですが、英語の文字もたくさんあるのですか？

回答　26文字だけです。ただし、それぞれの文字に大文字と小文字の2種類があるので、26文字×2組といったほうが正確かもしれません。

大文字と小文字について

疑問④　大文字と小文字の区別はなぜあるのですか？　ひらがなとカタカナのようなものですか？

回答　カタカナは外来語や擬音語・擬声語で使いますが、英語の大文字と小

文字の使い分けはそれとは異なります。文の書き始めや固有名詞（人名や地名など）、曜日名・月名の先頭の文字を大文字で書き、それ以外は小文字で書くというのが基本的な使い分けです。

疑問⑤ Aの小文字はAかと思っていたら、そうではないのでだまされた気分です。大文字を小さくしたのが小文字じゃないんですか？

回答 大文字・小文字という名前はわかりにくですね。形がまったく同じで大きさだけ違うのは、26組ある英語の文字のうち Cc, Oo, Ss, Vv, Ww, Xx, Zz の7組だけです。それ以外の文字については、形が少しだけ違うもの、ずいぶん違うものなどいろいろです。ちなみに、小文字のjは大文字のJより背丈がありますから、「小」文字のほうが「大」文字よりも大きいことになります。このことからすると、大文字・小文字という名前はわかりにくいだけではなくて、むしろ不正確かもしれませんね。

文字の幅・高さ・位置について

疑問⑥ lとmとnは字の幅が違うと思います。文字ごとに幅は違うのですか？

回答 小文字については、次の3種類あると考えてください。
  (1) 一番幅が狭い文字：li(2文字)
  (2) 一番幅が広い文字：mw(2文字)
  (3) その中間くらいの幅の文字：abcdefghjknopqrstuvxyz(22文字)

疑問⑦ 大文字の文字幅も3種類なのですか？

回答 大文字については、ある本には5種類あると書いてあります。ただし、(2)と(3)の違いについては、神経質になり過ぎる必要はありません。
  (1) 一番幅が狭い文字：I(1文字)
  (2) 幅が高さの半分くらいの文字：BEFJLPRS(8文字)
  (3) 幅が高さの4/5～3/4くらいの文字：AHKNTUVXYZ(10文字)
  (4) 幅が高さと同じくらいの文字：CDGOQ(5文字)
  (5) 幅が高さよりも少しある文字：MW(2文字)

疑問⑧ aとdとqは背の高さや位置が違っているように見えます。こうい

う違いは何種類くらいあるのですか？

回答　大きく言って3種類です。
(1)　背丈が低い文字：*acemnorsuvwxz*(13文字)
(2)　上に伸びている文字：*bdhkl*(5文字)
(3)　下に伸びている文字：*gpqy*(4文字)
(4)　その他：*fijt*(4文字)

文字の形について

疑問⑨　a, gと印刷されていても、手で書くときには、もっと簡単に*a*, *g*と書いていいと聞きました。簡単に書いてもいい文字はほかにもありますか？

回答　どんな活字で印刷されているかによりますが、たとえば、このようなHはうんと簡単に書くことができます。縦棒の上下についている短い横棒は飾りですから、手書きのときには書く必要がありません。Hではなくて、縦棒2本と横棒1本のHで大丈夫です。

文字の筆順について

疑問⑩　漢字の筆順を覚えるのが苦手です。英語でも筆順テストはあるのですか？

回答　英語の文字には、絶対に正しいという筆順はありません。けれども、字形をつくりやすい筆順や、急いで書いたときでも他の文字と見間違えにくい筆順はありますので、それは身につけておいて損はないでしょう。

文字の名前と単語内での読み方について

疑問⑪　USAやUSは[ユーエスエィ] [ユーエス]なのに、usはどうして[ユーエス]じゃなくて、[アス]と読むんですか？

回答　略語の場合には1文字1文字、「文字の名前」で読むのが原則ですが、略語でない場合には、1文字1文字を文字の名前で読むことはしません（ただ、*aeiou*は、文字の名前と同じ読み方をすることもあります）。

正書法(語や文の正しい書き方)について

疑問⑫　日本語の句読点に相当するものは、英語にもありますか？

回答　英語には、文中で使う符号として、コンマ(,)、コロン(:)、セミコロ

ン(;)などがありますが、どれも日本語の読点(、)とは働きが異なります。日本語の句点(。)に相当するのは、period あるいは full stop と呼ばれる(.)ですが、(.)のほうは略語にも使ったりするので、使い方は同一とは言えません。

疑問⑬ MynameisYumi. と書いたら、「語と語の間は空けて書くように」と言われました。それで次は My　　name　　is　　Yumi. と書いたら、今度は「空け過ぎ！」と注意されました。どれくらい空ければいいのですか？
回答 英語では語と語の間にスペースを空けて書きます。小文字の"n"か"o"を1文字分空けると覚えておきましょう。

疑問⑭ では、文と文の間はどれくらい空ければいいのすか？
回答 文と文の間は語と語の間よりも少し広めに空けると読みやすくなります。小文字の"n"か"o" 2文字分くらいが適切です。

疑問⑮ Yes や No のあとにはコンマ(,)が必要で、I'm や isn't などではアポストロフィ(')という記号を使うと聞きました。どんな使い分けがあるのですか？
回答 Yes や No のあとのコンマ(「カンマ」とも言います)は、意味の切れ目で、声も少し途切れる合図だと思ってください。I'm や isn't のあとのアポストロフィは、もともとそこに文字があったという印です。I'm のときには I am の a の文字が、isn't では is not の o が省略されていることを表しています。

疑問⑯ 教科書を見ると、Mr. や Mrs. には(.)が付いているのですが、Miss には(.)が付いていません。印刷ミスですか？
回答 いいえ、印刷ミスではありません。Mr. や Mrs. は、元々の語が省略されてできた語で、そのことを示すために(.)が使われています(それぞれ mister と mistress が元の綴りです)。ところが、Miss は省略してできた語ではありません(これが元々の綴りです)から、省略を示す必要がないので(.)は付いていません。

ちなみに、語の最初の文字と最後の文字から作った略語については、イギリスでは(.)はつけない原則がありますから、アメリカで Mr. や Dr. や Mt. と書かれるものも、Mr や Dr や Mt と表記されます(それぞれ、Mister, Doctor, Mount が元の綴りです)。

疑問⑰　英文の中で「　」(かぎカッコ)を使ったら、間違いだと言われました。英語ではどんな符号を使うのですか？

回答　人が話したことをそのまま引用するとき、アメリカでは(" ")を使い、イギリスでは(' ')を使うのが一般的です。

疑問⑱　教科書の中に斜めに傾いた語が出てきました。これは印刷ミスですか？

回答　印刷ミスではありません。斜字体(イタリック体)と呼ばれるものです。本・新聞・雑誌や映画の題名、外国語、特に目立たせたい語であることを表すときなどに使う約束になっています。日本語では題名は『　』(二重かぎカッコ)に入れるのが正式な書き方ですね。

疑問⑲　教科書の本文をノートに写していたのですが、斜字体の部分がうまく書けません。どうしたら上手に斜めの文字が書けますか？

回答　手書きではなかなかうまく書けませんね。ほかの部分と同じように書いたあとで、下線をつけるのが手書きのときの正しい書き方です。

疑問⑳　教科書に(:), (;)という符号が出てきました。(.)とはどう違うのですか？

回答　(.)は文の終わりを表すのが基本的な使い方です。疑問⑯の回答に書いたように、省略されてできた語であることを表す働きもあります。コロンと呼ばれる(:)には、いろいろな使い方がありますが、現代の英語で多いのは、文の最後(のほう)に出てきた名詞について、それを具体的に詳しく説明することを示すものです。また、セミコロンと呼ばれる(;)は、その前後に完全な「文」が来て、その2つの「文」が密接に関連しあっていることを示します。

疑問㉑　言葉がそこで途切れた感じを表そうとして(.)をたくさん書いたのですが、3つで十分だと言われました。たくさん書いてはいけないのでしょうか。

回答　言い淀みを表したり、引用の一部省略を表すのには(.)を3つ打つのが原則です。文末では、これに文の終わりを示す(.)が付きますから、合計4つになります(3つのこともあります)。なお、この(.)は period/full stop と同じものですから、日本語のように行の真ん中あたりの高さで(…)と書いてはいけま

第1章　なぜ英語の文字指導に改革が必要なのか？

第2節　英語の文字に対して生徒が抱く疑問

せん。

疑問㉒　英語には原稿用紙がないようですが、改行はどのように表すのですか？

|回答|　日本語の場合には、原稿用紙の行頭の1マスを空けて書き始めますね。これを「字下げ」といいます。英語では、段落を表すのに、行の先頭で小文字の"n"か"o"を3文字分くらい空けてから書き始めるのが1つの方法です。もう1つの方法は、1行分スペースを空けてしまい、そのあと、字下げをしないで、行の一番左から書き始めるというものです。

　以上のように、生徒は「英語の文字」についてさまざまな疑問を抱いています。こうした疑問を解消することを心がけつつ、文字指導を進めたいものです。

第3節　文字指導の CAN-DO リスト

　それでは、文字を指導するにあたって、どんな内容をどんな順で扱う必要があるのでしょうか。簡潔な CAN-DO リストにしてみると、次のようになります。

> 0-1. 文字の形がわかる
> 0-2. 文字の名前がわかる
> 1-1. 文字が読める
> 1-2. 文字が書ける
> 2-1. 語が読める
> 2-2. 語が書ける
> 3. 文(sentence)が書ける
> 4. 文章(passage)が書ける
> 補足. キーボードを使って文字を入力できる

　文(sentence)は、大文字で始まって(.)(?)(!)で終わるまでのものを指し、文章(passage)は、いくつかの文が集まったものを指します。

なお、3と4に「読める」がないことについて、補足しておきます。それは「文が読める」というのは「（複数の）語（からなる文）が読める」ということで、2-1ができればその延長線上で可能であり、「文章が読める」は「（複数の）文（からなる文章）が読める」ということで、こちらは「文が読める」ができれば、その積み上げとして可能になるからです。

従来、多くの中学校で行なわれていた文字指導は、ひょっとしたら、1-1と1-2だけであったかもしれません。けれども、文字指導には、それより前の0-1, 0-2の段階があり、また、それ以降（2-1から4まで）の段階もあることを認識する必要があります。

では、上に挙げた項目について、それぞれ詳しく見ていくことにしましょう。具体的な指導法も紹介していきます。

0-1. 文字の形がわかる

これは、英語の文字に関して図形認識ができるかどうか、つまり、文字の名前はわからなくても形が同じか違うかの見極めがつく、という段階です。

たとえば、EとFを見比べて、一番下に横棒があるかないかに気づけるか、また、BとDでは右側の半円の数の違いに気づけるか、DとPでは縦棒と半円の比率の違いに気づけるか、ということです。あくまで形だけに注目していますから、この段階では、文字の名前にはまだ触れません。

どこが違うと別の文字になるかという弁別的な特徴を挙げてみましょう。まずは大文字です。

AとH	上部がくっ付いているか、離れているか
BとD	右の半円の数が2つか1つか
CとG	一部が途切れた円だけか、最後に何か付いているか
CとO	環状部分に切れ目があるか、ないか
DとP	右の半円部分が縦棒と同じ大きさか、縦棒の半分か
EとF	横棒の数が3本か、2本か

FとP	縦棒の右側が横棒2本か、半円か
HとM	左右の縦棒が横棒でつながっているか、V字でつながっているか
HとN	左右の縦棒が横棒でつながっているか、斜線でつながっているか
IとJ	縦棒の最後が曲がっていないか、曲がっているか
KとR	右上部が、縦棒と離れているか、つながっているか
LとI	縦棒の最後に横棒が付いているか、いないか
MとN	左右の縦棒がV字でつながっているか、斜線でつながっているか
MとW	2つの楔形が上に向かっているか、下に向かっているか
NとZ	斜線の左右に縦棒があるか、斜線の上下に横棒があるか
OとQ	環状部分だけか、何か付いているか
PとR	縦棒の右側は半円だけか、何か付いているか
UとV	下部が丸いか、尖っているか
VとW	下向きの楔形が1つあるか、2つあるか
VとX	2本の斜線が交差していないか、交差しているか
YとV	下向きの楔形の先端に何か付いているか、いないか

小文字についても、次のような弁別ができることが必要です。

aとd	縦棒の長さが環状部分の高さと同じか、それより長いか
aとq	縦棒の長さが環状部分の高さと同じか、それより長いか
aとu	上部が閉じているか、開いているか
bとd	環状部分は縦棒の右にあるか、左にあるか
bとh	下部が閉じているか、開いているか
bとp	縦棒は環状部分より上に伸びているか、下に伸びているか
cとe	曲線の始まりに閉じた部分がないか、あるか
cとo	環状部分に切れ目があるか、ないか
dとq	縦棒は環状部分より上に伸びているか、下に伸びているか
fとt	縦棒の最上部に曲がりがあるか、ないか
gとq	環状部分の右にある線に曲がりがあるか、ないか
gとy	上部が閉じているか、開いているか
hとk	縦棒の右側に「く」の字型が含まれていないか、いるか
hとn	左側の縦棒が、右のコブの部分より上に伸びているか、いないか
iとj	縦棒の最下部に曲がりがないか、あるか

iとl	縦棒の上に点があるか、ないか
mとn	コブの数が2つか、1つか
nとu	開口部は下にあるか、上にあるか
pとq	環状部分が縦棒の右にあるか、左にあるか
rとn	縦棒の右はコブの一部か、コブ1つか
rとv	折り返した線は曲線か、直線か
sとz	書き始めは左へ向かうか、右へ向かうか
vとw	下向きの楔形が1つあるか、2つあるか
vとx	2つの斜線が交差していないか、いるか

具体的な活動例

A) 数名のグループに、大文字(あるいは小文字)の文字カードのセット(26枚)を渡し、表向きにして机上に並べさせる。教師が取り出した(あるいはスクリーンに映し出した)のと同じカードを生徒が探し当てる。

B) 数名のグループに、大文字(あるいは小文字)26文字のカードを2セット渡し、表向きにして、机上にバラバラに置かせる。たとえば一人に5秒ずつ割り当て、時間内に何組取れるかを競う。

C) Bと同様に2セット配り、裏向きにして机上に置き、トランプの神経衰弱の要領で、何組とれるかを競う。

指導の目安　それぞれ3分

0-2. 文字の名前がわかる

(文字の名前を聞いて、26文字のうちのどれか指摘できる)

　英語の文字にはすべて名前がついていますから、個々の文字の読み方がわかる、つまり、文字の名前を聞いて、それがどの文字かを指摘できるようにする必要があります。

　意外と気づきにくいことですが、日本語ではひらがなやカタカナの個々の文字の名前とそれが表す音は、原則的に一致しています。たとえば〈か〉という文字の名前は「か」で、表す音も[カ]ですし、〈た〉という文字の名前は「た」で、表す音も[タ]です(ただし、伸ばす音を表す場合には、「けいかく」や「そうだん」のよ

うに〈い〉〈う〉の文字が[エ][オ]の音を表すことがあります)。

　それに対して、英語では、文字の名前とそれが表す音は原則的に異なります(ただし、a, e, i, o, u を[エィ、イー、アィ、オゥ、ユー]と読む場合は別です)。このことを理解した上で、「英語の文字の名前」を指導します。

具体的な活動例
A)　大文字(あるいは小文字)の一覧を見ながら、教師がランダムに読み上げる文字の名前を聞いて、生徒は正しい文字を指さす。
B)　数名のグループに、大文字(あるいは小文字)26枚のカードを渡し、表向きにして、机上にバラバラに置かせる。教師がランダムに読み上げる文字名を聞いて、生徒はカードを取り、取った枚数を競う。

　　　　　　　　　　　　　　　　　　指導の目安　それぞれ3分

　なお、当たり前のことですが、生徒が耳にする発音(つまり、教師が発する音)は、日本語風の「エー」「シー」「エル」「オー」「ブイ」などではなく、英語として正しい発音でなくてはいけません。

1-1. 文字が読める
(文字を見て、その名前が言える)
　次に、大文字小文字とも、文字を見てその文字の名前を自分で言える、という段階があります。0-2と同様、正しい発音で教師が文字の名前を言い、生徒に繰り返させるということから始めます。その際、できる限りそっくりに発音をマネさせることが肝要です。

　最初の段階で発音について細かいことを言うと、生徒は面倒くさがって、下手をすると英語そのものを嫌ってしまうのではないか、と危惧するかもしれませんが、その心配には及びません。生徒は英語らしい発音をしたがっていますし、適切な指導をすれば、発音は比較的容易に身につきます。何よりも、BbとVvは「同音を表す別字」ではなく、音そのものが違いますし、GgとZzも[ヂー][ズィー]と別の音です。具体的な指導法は、第2章第2節と第4節で説明します。

1-2. 文字が書ける

（文字の名前を聞いて、その文字を正確に書ける）

　耳で聞いた文字の名前を大文字あるいは小文字で正しく書けるという、文字レベルでのディクテーションの段階です。大文字、小文字のどちらも書けるようにします。Gg と Zz などは「聞き分け」もできるようにしなくてはなりません。「聞き分け」が難しい Bb と Vv については、せめて「見分け」られるように指導したいと思います。耳で聞き分けられなくても、教師の口元を見て、Bb か Vv かを見分けられるようにする、ということです。見分けられるということは、発音のしかたの違いを知っている、ということですから、「聞き分け」の前に推奨したい「活動」です。

　英語の文字には、絶対的に正しい筆順はありません。ですから、英米には文字の筆順を問うテストはありません。けれども、急いで書いて線がつながってしまったときでも、他の字に見間違えられにくい筆順、そして、やがて続け字を書くときにも便利な筆順は存在します。そうした筆順を指導することが重要です。

　指導法については、第 2 章第 3 節と第 5 節で説明します。

2-1. 語が読める

　代名詞 I や不定冠詞 a を除けば、文字が 2 つ以上連なって語を作りますが、そのような、語を適切に読めるようにする段階があります。英語の文字に名前があることは、0-2 から 1-2 まで丁寧に扱ってきましたが、これだけで語が読めるかというと、英語の場合にはそうではありません。

　日本語では、「か」「き」「く」のそれぞれのひらがなが読める子は、「かき」という果物名も「きく」という植物名（あるいは動詞）も読めますが、英語ではそれほど単純ではないということです。

　たしかに日本語でも拗音をあらわす「きゃ」「しゅ」「ちょ」や促音を表す「っ」などについては、読み方の規則を覚えないと正しく読むことはできませんが、英語の場合には、その規則がはるかに複雑です。

これまで、頭の中で[エス]という音と結びつけてきたsという文字は、(たとえば、sitという)語の中で使われたとたん、[エス]とは読まなくなり[ス]と読むようになります。[スィー]として覚えてきた文字はcutの中では[ク]となります。

　このほかにも、shopを[スホップ]、chopを[クホップ]と読んだり、loudを[ロウド]、roadを[ロアド]と読んだりするのは間違いです。つまり、語を読もうとする際には、ローマ字読みでは太刀打ちできず、文字・綴りと発音の関係に関する規則を学習する必要が生じます。

　その指導法については、第3章第1節で説明しますが、ここでは、基本的な規則をざっと見ておくことにします。

子音字1文字の読み方
・子音字 b, d, f, h, j, k, l, m, n, p, r, t, v, w, y, z には原則的に1つの決まった読み方があること
・c, g, s, x には2つの決まった読み方があること

母音字 a, e, i, o, u の読み方
・母音字 a, e, i, o, u には[エィ、イー、アィ、オゥ、ユー](文字名読み＝長音)と、[ェア、エ、イ、ォア、ア](短音)の2通りの読み方があること

子音字綴り(2〜3文字)の読み方
・子音字綴り ch, tch, dge, sh, ng, ck, th, qu には1つの決まった読み方があること

母音字綴り(2文字)の読み方
・母音字綴り ee, oe, ue/ oi, oy; ei, ey; ai, ay/ au, aw; eu, ew/ oa, ou には1つの決まった読み方があること
・ow, ea, oo, ie には2通りの読み方があること

　なお、略語(abbreviation)では、UN[ユーエンヌ]のように文字の名前をそのま

ま読むものが多いですが、単語のように見なしてNATO［ネィトゥ］と読むものもあります（後者のようなものを、acronymと呼びます）。「付加価値税（＝消費税）」を表す英語（value added tax）はVATと略されますが、この単語には［ヴイー エィティー］［ヴェアット］2通りの発音があります。

2-2. 語が書ける

2-1で見たような、文字・綴りと発音の間にある規則を理解した上で、発音を頼りに語を文字で表すことができる段階です。

ただ、英語では「発音と文字・綴りの関係」は「一対一対応」ではありません。たとえば、同じ［オゥ］という音でも意味によってroadとrodeを書き分けなくてはならないなど、〈発音→綴り〉の間の関係には「一対多対応」のことがあります。日本語において、［ハカル］という音を意味に応じて「図る」「測る」「計る」「諮る」「謀る」と書き分けなくてはならないのと似たところがありますが、こうした点にも十分、配慮することが必要です。

なお、実際に語を書く際の注意として、「1語を構成する文字と文字との間隔」があります。文字同士が近づき過ぎると、clearがdearに見えたり、逆に、不適切に距離が空いてしまうと、togetherがto getherに見えることがあるからです。

指導法については、第3章第1節で説明します。

なお、通常の現代体で語が書けるようになった生徒に対しては、希望や必要に応じて、続け字の現代体を指導することもできます。

3. 文が書ける

文（sentence）を書く段階があります（2-2とほぼ同時になることが多いかも知れません）。この段階では、新しい文の始まりであることを示すために大文字で書き始めるといった規則や、文の終わりであることを示すために (.) (?) (!) などの符号をつける、YesやNoのあとには (,) をつけてから後続する部分を書く、といった句読法（punctuation）も指導する必要があります。

第1章で述べたように、英語は「分かち書き」をする言語ですから、2語以上からなる文の場合には、語と語の間には小文字の"n"か"o"1文字分(キーボードを使う場合には、スペースキー1回分)のスペースを空けることを知っている必要もあります。

　第4章第2節～第4節で詳述します。

4. 文章が書ける

　文を1つ以上使って、文章(passage)を書く段階です。文と文の間に小文字の"n"か"o"2文字分(キーボードを使う場合には、スペースキー1～2回分)のスペースを空けて書きます。

　また、2つ以上の段落(paragraph)からなる文章を書く場合には、段落を表すための規則も知っておく必要があります。

　これについては、第4章第5節で説明します。

補足. キーボードを使って文字を入力できる

　タイピングの基本を身につける段階です。試験の答案などは手書きすることが一般的ですが、レポート課題などは、キーボードを使ってパソコンで書くことが多いかもしれません。そのためには、キーボードの文字配列を知っている必要があります。また、より効率よく作業をしようと思えば、視線をキーボードに落とさずに touch typing できるよう、ホーム・ポジションを覚え、どの指でどのキーを叩くのかといった決まりも覚える必要があります。

　英語という科目の守備範囲であるかどうか、はっきりしない側面もあります。けれども、時間的な余裕があれば、おかしなクセが身につかないうちに指導したいものです。

　以上、文字指導のCAN-DOリストについて見ました。第2～5章では、このCAN-DOリストに基づき、具体的な指導内容と指導方法を解説していきます。

> **コラム**

「筆記体」に関する『学習指導要領』の認識について

　ここまでに説明したように、本書では「現代体」を指導すべき手書き文字としています。「はしがき」にも書いたように、「筆記体」は、イギリスの小学校でははるか以前に「非教育的」だとして、その指導を「放棄」された書体です（ということは、実生活の中でも使われていないということです）。

　ところが、『中学校学習指導要領』には、その現実を知らないかのような記述が見られます。「3　指導計画の作成と内容の取扱い」の(2)に「ウ　文字指導に当たっては、生徒の学習負担にも配慮しながら筆記体を指導することもできることに留意すること。」とあるのです。

　実質的に使われていない文字を、なぜ日本の中学生に「指導することもできる」のでしょうか。「学習負担にも配慮」するかどうかの問題ではありません。

　さらに、『同　解説』には、次の記述もあります。

文字指導については、(略)必要に応じて筆記体を指導してもよいということを示している。
筆記体は、日常生活においては、手紙やカード、サイン等で使用されることもあり、生徒が読んだり書いたりする機会が考えられる。また、商品のデザインとして筆記体で書かれた英語を目にする機会もあり、生徒が興味をもつこともある。そのような場合、筆記体を指導することは、文字に対する興味付けともなり、有益であると考えられるが、生徒の学習負担を十分考えて指導に当たることが大切である。

　ここには、明確な事実誤認が見られますので、指摘しておかなくてはなりません。「手紙やカード、サイン等で使用されることもあり、生徒が読んだり書いたりする機会が考えられる」という部分です。

　まず「手紙やカード」です。現代では、calligraphy を趣味にして筆記体を

第3節　文字指導の CAN-DO リスト

愛用する人以外、筆記体を書く人はいませんから、「生徒が読んだり書いたりする機会」は絶無に近いと言っていいでしょう。

　ただ、英米人から受け取った手紙やカードの文字が読みづらいことは、現実にあるでしょう。けれども、そうした文字が読めない、あるいは、非常に読みにくいのは、筆記体を知らないせいなのでしょうか。相当の高齢者でない限りは、その絵はがきを書いた人も、学校時代に筆記体は習っていないのです。とすれば、その人の書いた文字は、自己流の続け字か、場合によっては、(失礼ながら)悪筆かのどちらかです。ひょっとしたらその文字は、英語を母語とする人にさえも読みにくいかもしれません。筆記体を習っていないせいで読めない、と早合点しないように指導することが大切です。大学時代の英米の先生の手書き文字を思い出したり、現在いっしょに仕事をしている ALT の手書き文字を眺めたりしてみてください。筆記体で書く人はまずいないはずです。

　下に挙げたのは、2016 年 5 月にオバマ大統領が広島を訪れたときに記帳した文面です。筆記体ではなく、続け字であることを確認してください(ただ、r に関しては、筆記体に似た特別な形が使われています)。

(https://www.facebook.com/pg/usembassytokyo/posts/ [2016 年 6 月 1 日]より)
We have known the agony of war. Let us now find the courage, together, to spread peace, and pursue a world without nuclear weapons.

　次は、ダイアナ妃の手紙です。英国女性特有の、丸みを帯びた文字と言えると思います。r が r のような形で下から書かれていること(左の文字からつながっ

ているとsのように見えます)、yがSのように見えること、また、thのつなげ方などが特徴的ですが、こちらも筆記体ではありません。

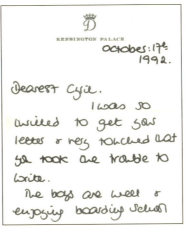

(https://www.forbes.com/sites/ceciliarodriguez/2017/01/05/princess-dianas-handwritten-letters-on-william-and-naughty-harry-sold-for-55000/#7259d8883fd2 [2018年11月1日]より)

October: 17th 1992
Dearest Cyril,
I was so thrilled to get your letter & very touched that you took the trouble to write.
The boys are well & enjoying boarding school ...

　なお「カード」について補足します。あらかじめ印刷されているCongratulationsなどの文字が、筆記体かそれに近い書体で書かれていることはあります。けれども、これは日本語で言えば、「祝　合格」が、格調高く筆文字の行書体で書かれているようなものですから、日本の中学生や高校生が自力で読めなくても、何も問題ありませんし、ましてや文字指導の不足などということにはなりません。身近にいる教員やALTに頼ればよいだけの話です(母語話者は自分では書けなくても読むことはできます。それは私たちも同じで、よほど崩していない限り、和食レストランのメニューに書かれている行書体の文字(パソコンのフォントのこと多いですが)は、仮に書けなくても、読むことはできます)。

「サイン」で筆記体が使われている、という記述は、完全に誤りと言っていいでしょう。筆記体の手本と同じような文字で書かれたサインは、まずないからです。というのも、サインは日本でいえば「(印鑑登録済みの)実印」に相当します。ですから、できる限り他人から真似しにくいように工夫し、デフォルメします。そのため、サインの中に書かれた1つひとつの文字を解読することは難しいのが普通です。さきほどの、オバマ大統領のサインをもう一度見てみてください。さらに、次のサインも、筆記体では書かれていないことを確かめてください。

【上から Theresa May, Princess Diana, Donald Trump のサイン】

　上にも書いたように、サインは日本の「実印」に相当します。本人であることを証明する目的に加え、真似されにくいことが重要です。私は、生徒に対してそのように説明したあと、「実印を2つ持つことは許されないから、英文の書類であっても、サインは漢字で書けばいいんだよ。安全だしね」と答えています。

　『学習指導要領』の記述は、従前から引き継がれてきています。文部科学省には「筆記体」に関する認識を改めていただきたいと思っています。

第2章

文字を教える

第1節 文字指導の考え方

　それではここから、文字の指導の実際を見ていきましょう。第1章第3節で見たCAN-DOリストを細分化し、具体化した指導実践例を、さまざまなハンドアウトとともに紹介したいと思います。

　文字指導というと、AからZ、あるいはaからzの一覧を順に読ませ、その後はAaからZzの順に4線の上に繰り返し書かせるだけ、数時間でおしまい、ということが多いようです。けれども、これだけで生徒が文字を正しく認識したり、正確に書いたりできるようにはなりません。最初の段階で時間をかけ、文字そのものを丁寧に指導しておくことで、その後のつまずきを最小限に減らしたいものです。

　さらに、多角的なアプローチをとって、生徒が飽きないように工夫することも大切です。その際、忘れてはならないのは、文字指導にあてる時間は、1コマの授業のうちの数分だけ(長くても10分程度)ということです。この「数分」は「授業の最初／途中／最後」のように分割しても構いません(むしろ、分割したほうが効果的です)が、間違っても、1コマ(たとえば50分)丸ごと、文字指導にあてることは避けます。新鮮な気持ちで退屈することなく生徒が取り組めるよう、「え?! 今日の文字の勉強はもう終わり?」というくらいの時間に収め、繰り返し(内容によっては帯活動的に)指導することを心がけます。

　なお、以下の説明には、指導の目安となる時間と回数を、参考として添えました。生徒の学習の様子を見ながら、前後の複数の活動を1コマの中で実施することも可能です。

大文字が先か小文字が先か

　英語には大文字と小文字がありますが、いったいどちらから指導を始めるのがよいのでしょうか。

　日本の"常識"からすれば驚くべきことなのですが、英米では小文字から指導することが一般的です。理由は、小文字のほうが使用頻度が圧倒的に高いから

です。

たとえば、次の文を見てみましょう。小説の冒頭の一文です。

These two very old people are the father and mother of Mr Bucket.
(Roald Dahl, *Charlie and the Chocolate Factory*)

52文字からできていますが、使われている大文字はわずかに3文字(約6%)です。

新聞や雑誌の見出しや題名では各語の頭文字が大文字で表記されますから、大文字の比率は高くなります。次の見出しはどうでしょう。

Martin Luther King Wins The Nobel Prize for Peace
(New York Times, October 14, 1964)

全部で41文字ですが、それでも、大文字はそのうちの8文字(約20%)に過ぎません。

ですから、実際に読み書きするときに使う文字のほとんどは小文字である、という実用面を重視すれば、小文字から学習を始めるのは当然のことに思われます。しかも英米の小学生は、文字の学習を始める前から日常的に、自分の身の回りで、小文字が大半を占める文章を(わかるかどうかは別として)目にしてきています。ですから、小学校で文字を学習するのは、「今までぼんやりと見ていた文字の形を正確に覚え、使用頻度に基づいた順序で学び、正しく書けるようにする」という段階なのです。

では、日本の生徒も小文字から身につければよいのでしょうか。私は、できる限り早く小文字の指導に入るという条件付きで、日本では大文字から学習を始めるほうがよいと考えます(なお、小学校3年生で「ローマ字」を学習しますが、この段階での文字指導は十分でないと捉え、生徒の「英語の文字」の学習歴はゼロと見なします)。

その第1の理由は、日本の生徒が英語学習を始めるまでに巷で目にしている英語の文字は、大文字が圧倒的に多いからです。プラットフォームに書かれた駅名の表示(TOKYO, OSAKA)や広告などで見る企業名(SONY, TOYOTA, EPSON)などは大文字であることが多く、なじみのある文字から学習を始めて、英語の文字に対する心の壁をできるだけ低く、薄くしたいという戦略です。

　もう1つの理由は学習のしやすさです。小文字は書く位置や字高を文字ごとに覚えなくてなりませんが、大文字はすべて同じ位置で同じ字高(4線を使って指導する際の上の2マス分)で、位置や字高に煩わされることがありません。とりあえず「26文字書けるようになった！」という喜びを生徒に味わってもらうことを優先したいと思います。

第2節 大文字の読み方

　まず、大文字の指導手順を示すと、次のようになります。1は「正順」、2は「逆順」、3は「順不同」、4は別の分類です。

1. 大文字　正順
　1.1. 文字カード　　　1文字ずつ、アルファベット順
　1.2. 一覧　　　　　　ABCDEFG / HIJKLMNOP / QRSTUV / W & XYZ
　1.3. 文字カード　　　「この文字の後に続く文字は？」
　1.4. 迷路・点結び

2. 大文字　逆順
　2.1. 文字カード　　　1文字ずつ、アルファベット順
　2.2. 一覧　　　　　　ZYX & WV / UTS & RQP / ONM & LKJ / IHG / FED / & CBA
　2.3. 文字カード　　　「この文字の前に来る文字は？」
　2.4. 迷路・点結び

3. 大文字　順不同
　3.1. 文字カード　　　1文字ずつ、順不同
　3.2. 文字カード　　　「この文字の後に続く文字は？」

> 「この文字の前に来る文字は？」
>
> **4. 大文字　字形認識の強化**
>   4.1. 大文字分類(1)
>   AH(I)MOTUVWXY / BCDE(H)IK(O)(X) / NSZ / F, G, J, L, P, Q, R
>   4.2. 大文字分類(2)
>   BCDEGPTVZ / FLMNSX / AHJK / QUW / IY / O / R
>   4.3. 大文字分類(3)
>   ITLEFH / ZVWNMXYKA / DPRB / CGOQ / J, U, S

では、1つずつ具体的に説明していきます。

1. 大文字　正順

1.1. 大文字　文字カード　　　1文字ずつ、アルファベット順

　大文字を1文字書いたカードを用意し(計26枚)、それを使いながら、1文字ずつ、正順でAからZの順にそれぞれの文字の名前(文字名)の読み方を指導します。

　最初は、1枚ずつ生徒に見せながら、教師が読んで聞かせるだけです。「日本語風の"エー、ビー、シー、ディー、イー、エフ、ジー…"とはだいぶ違う音なので、どのように違っているか、注意して聞こう」指示します。このとき、教師の口元をよく見るように指示することも大切です。耳で聞くと始めのうちは区別が難しいBとVも、口の形が異なることを視覚的に確認することで、そのあと正しい発音のしかたを身につけるときの助けとなります。

　次は、カードをAから順に生徒に見せながら、教師が読んで聞かせ、今度は生徒に真似させます。一度目は、生徒のモノマネ能力に期待するだけで、発音のしかたに関する細かい指示はしませんが、二度目からは、少しずつ指示を出します。その指示は、下の表にまとめてあります。一度にすべて指示していては生徒は混乱するだけです。何日もかけて繰り返し練習しますから、その日ごとに指導する文字を決めておくとよいでしょう。

指導の目安　3分×4〜5回

A	[エー]と伸ばさず、[エィ]のように言います。[エ]の音がなんとなく[イ]のような音に近づいて終わる音です。
B	[ビー]。しっかり唇を閉じてから言い始めます。[イー]は、日本語の「イ」よりも唇を少し左右に引っ張った感じで言います。
C	[シー]にならないよう、[スイー]と言います。英語では[シー]と[スイー]は違う音として区別します。[スイート]と言えば「座席」ですが、[シート]と言えば「1枚」の意味になります。あえて「スィー」「シー」の2通りのカタカナを板書して、発音させ、Cはどちらかを問うのもよいでしょう。現在では、大半の生徒がカタカナの読み分けはできますが、意識させないと、日本語の母語話者にとって発音しやすい「シー」になりがちです。
D	[デー]にならないよう、[デイー]と言います。あとで出てくるT[テイー]の濁った音です。
E	さきほどのB[ビー]の中で聞こえた音が含まれています。日本語の「イ」よりも唇を少し左右に引っ張った感じで[イー]と言います。
F	[エ]と言ったあとで、下唇の一番上を上の前歯の一番下に軽く触らせておいて、息を出します。「下唇を上の前歯で噛んで！」という指示は禁物です。「噛む」という言葉には、一口では口の中に入らないものを小さく「噛み切る」というイメージがあります。発音の指導に「噛む」という言葉を入れると、生徒はかなり強く上歯を下唇に押し付けてしまいます。その結果、本来は上の前歯と下唇が触れ合ったその隙間から息が通り抜けるときに出るはずの音が出なくなってしまいます。また、「上の前歯を下唇に軽く触らせる」という表現も厳密には正確ではありません。というのも、上の前歯は上顎に固定されているため動かすことはできず、動くのは下顎（とそれにくっついている下唇）のほうだからです。唇の形は平らで、ロウソクの火を消すときのように、唇を細くつき出して[フー]と言ってはいけません。

G	［チー］の濁った音で［ヂー］と言います。舌先が上の前歯の付け根付近に触れてから言い始めることが大切です。［ヂー］と言い始める前に、小さい「ッ」(促音)があると思って［ッヂー］のつもりで言うと、正しい音になります。［ヂ］を言う瞬間は唇が細く突き出ます。そこから滑らかに E［イー］の音を続けます。「ー」を言っているときの唇の形は E のときと同じです。
H	A［エィ］を言ったあとで、［チ］を添えます。これは G の最初に聞こえる［ヂ］の清音です。［ヂ］と同様、［チ］は唇を細く突き出して言いますので、全体では［エィチュ］に近く聞こえることがあります。
I	［ア］の音がなんとなく［イ］のような音に近づいて終わる音です。日本語の「愛」は［ア］も［イ］も声の大きさと長さは同じくらいですが、英語の［アィ］は違います。［ア］のあとに軽く滑らかに［イ］に近い音を添える感じです。
J	唇を細く突き出して［ヂ］と言ってから、A［エィ］の音をなめらかに続けます。G と同様、［ヂ］を言い始める前に、小さい「ッ」(促音)があると思って言うと正しい音になります。
K	強い息を出しながら［ク］と言ったあとで、A［エィ］の音を滑らかに続けます。［クヘィ］くらいのつもりで言うとよいかも知れません。
L	［エ］と言いながら、舌先を少しずつ上げていき、舌先が上の前歯の内側の付け根に付いたら終わり、という音です。舌先が付いているとき、息は舌の両脇を通り抜けていきます。［エゥ］とか［エォ］のように聞こえます。舌先はできるだけ、下から突き刺すような感じで、上の前歯の内側の付け根にくっつけるのがコツです。口を正面から見たとき、舌の裏側の太い血管が見えるくらいがちょうどよい終わり方です。
M	［エー］と言いながら、唇をしっかりと閉じて終わります。このとき、息は鼻から出ます。日本語では「エム」と言いますが、唇さえ閉じていれば最後の［ム］の音は明確に聞こえなくて構いません。日本語の話者には「エン」に近く聞こえるかもしれません。一度閉じた唇を最後に脱力して軽く口を開けば、弱い［ム］の音が聞こえます。

N	［エー］と言いながら、舌先を上げていき、舌先を上の前歯の内側の付け根に付けます。このときの舌の位置・形はLの最後とほぼ同じですが、Lのときと違って息は鼻から出ます。日本語では「エヌ」と言いますが、舌先の位置が正しければ最後の［ヌ］の音は明確に聞こえなくて構いません。舌先を最後に脱力して上の前歯の付け根から離せば、弱い［ヌ］の音が聞こえます。
O	［オー］と伸ばさず［オゥ］のように言います。［オ］の音がなんとなく［ウ］のような音に近づいて終わる音です。
P	唇をしっかり閉じておいて、勢いよく息を吐き出しながら［ピー］と言います。［ブヒー］くらいのつもりで強い息とともに言うとよいでしょう。Bの最初の「ブ」が澄んで「プ」になった音です。「ー」を言っているときの唇の形はEのときと同じです。
Q	唇を細く突き出しておいて、勢い良く息を吐き出しながら［クユー］と言います。［クヒユー］くらいのつもりで言うとよいでしょう。「ー」を言っているときの唇は、これから見るUのときと同じで、細く突き出ています。
R	［アー］と言いながら、舌先を少しずつ持ち上げていって、口の中に衝立（ついたて）が作れたら終わり、という音です。衝立ですから、舌の上と左右には隙間が空いていて、そこを息が通り抜けていきます。舌先が口の中のどこにも触れていない、ということが最重要ポイントです。
S	［エ］の音のあとに、息だけの音［ス］を付け足します。
T	［ティー］という音です。［トヒー］くらいのつもりで息を強く吐き出しながら言うとよいでしょう。D［デイー］の澄んだ音です。「ー」を言っているときの唇の形はEのときと同じです。
U	唇を細く突き出しておいて、［ユー］と言います。
V	Fのときと同じく、下唇の一番上を上の前歯の一番下に触らせておいて声を出しながら［ヴ］の音を言ってから、滑らかに［イー］の音に移ります。「ー」を言っているときの唇の形はEのときと同じです。
W	［ダボー］と言いながら、［ボー］をいうのと同時に、舌先をLの位置にもっていき、そのあと滑らかに、唇を細くつき出したU［ユー］の音に移ります。［ダボリユー］のように聞こえます。

X	[エクス]という音です。[クス]の部分は息だけで言います。
Y	唇を細く突き出して[ゥ]を言ったあと、I[ァィ]の音を滑らかに続けます。
Z	C[スイー]の濁った音です。[ズイー]と表せます。「ー」を言っているときの唇の形は E のときと同じです。

1.2. 大文字　一覧　　ABCDEFG / HIJKLMNOP / QRSTUV / W & XYZ

A から Z までの 26 文字をアルファベット順の一覧にして示します。

いわゆる ABC song にはいくつかのバリエーションがあり、改行の位置が異なるものがありますが、ここでは次のものを採り入れます。各行の文字数は上から順に、7 文字、9 文字、6 文字、4 文字と不均衡になっています。

正しいリズムで読むと次のようになります(×は休符と見なしてください)。

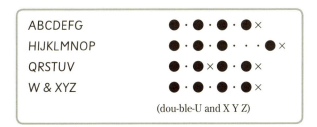

各行の文字数が不均衡なのは、上の改行をすることで、26 文字が単なる羅列でなく rhyme(韻を踏んだ詩)になるからです。各行の終わりが、G, P, V, Z となり、行末で[イー]の音が響き合います。

もちろん、その音の響きの「心地よさ」が、初学者の耳に届くはずはありませんが、それでも教師はそのことに触れ、「このように行末の音を揃えて、その音の響きを楽しむのが英語の詩の特徴の 1 つなんだよ」と伝えるのは意味のあることだと思います。

「きらきら星」の音階に乗せる必要はありません。特に最初のうちは、個々の音を正確に発音することに集中させるために、歌にしないほうが無難です。むしろ、各行を4拍子で、しかも各行とも同じ速さで言えるようにすることが大切です。やがて、音がそれなりに正しく言えるようになれば、音階をつけてもいいでしょう。

　特に注意したいのは、2行目のLMNOの部分が[…エレメノゥ…]のように聞こえる(ということは、そのように言う)ことです。[el], [em], [en], [oʊ] をつなげれば [elemenoʊ] となりますが、これが我々の耳には [e le me noʊ] つまり、[エレメノゥ]と聞こえるだけで、もともとの音に変化があるわけではありません。[l] と [n] の発音は、1.1でカードを使って練習したときの、英語として正しい音でなくてはなりません。

　生徒には、まず [el em en oʊ] と各文字名の間にポーズをとって聞かせたのち、それぞれの間隔を短くして、[el em en oʊ] さらに [el em en oʊ] とし、最終的に文字名どうしの間隔をゼロにして [elemenoʊ] と滑らかに発音してみせたあと、それを繰り返させます。

指導の目安　3分×3〜4回

　この練習が終わったら、次のようなハンドアウトを配布して、家でもリズムよく言う練習をするように指示します。

▶ 【01】26文字の詩①

1.3. 大文字　文字カード　「この文字の後に続く文字は？」

　ここまでの指導だけでは、文字をしっかり定着させるにはまだ不十分です。けれども、ここまでやってきたことを繰り返しても、生徒は飽きてしまいます。そこで、文字を認識させつつ、アルファベット順を定着させるための活動を行ないます。

　それは、1.1で使った文字カードを使い、無作為に選んだカードの次の文字を言わせる活動です。たとえば、シャッフルしたカードの束の一番上を生徒に

見せて、それがPだったら、生徒には「Q!」と答えてもらいます。

　見えたカードの文字を認識した上で、すばやく次の文字を思い出すという活動なので、生徒も活気づきます。アルファベットの始めのほうの文字であれば、すぐに次の文字を言うことができますが、後ろのほうであればあるほど、最初のうちは、次の文字を言うまで時間がかかります。何度も繰り返すうちに、すぐに言えるようになります。前より短い時間で言えるようになることが生徒自身にも自覚できるため、生徒の集中も途切れません。

　文字入力の際にキーボードを使う現代においては、アルファベット順を知っている必要はない、という考えもあるかもしれません。けれども、紙の辞書を使う機会もありますし、本(紙であれ電子的なものであれ)の索引を使う機会もあります。アルファベット順を知っておくことは、今も大切な知識だと言ってよいでしょう。

指導の目安 3分×3〜4回

　一覧表だけでなく、次のようなハンドアウトを活用して、途中からでもすらすら言えるように促すこともできます。

▶【02】大文字の順番

1.4. 大文字　迷路・点結び
　ここまでの活動を通して、アルファベット順が定着したら、その確認として、迷路(alphabet maze)や点結び(dot-to-dot あるいは connecting-the-dots)といった遊びの要素を入れた活動を行なうことができます。これにより、大文字26文字の形と順番を覚えたかどうかが確認できます。

　例を示しますが、自作したり、ネット上で検索したりすることもできます。迷路のほうは、正しい順路を塗りつぶしていけば「答え合わせ」はその道筋の形を見るだけで済みますし、点結びは絵柄が浮かび上がりますから、「答え合わせ」は簡単です。

▶【03】大文字の迷路(正順)
▶【04】大文字の点結び(正順)

2. 大文字・逆順

　文字の形と名前がさらに一致するよう、ここからしばらくの間、アルファベットを逆順で扱います。

2.1. 大文字　文字カード　　1文字ずつ、アルファベット順

　文字カードをZからAの順に見せ、教師のモデルなしで、文字の名前を生徒たちに言わせます。発音が英語らしくない場合には、すかさず、正しい発音のしかたを日本語で説明し、生徒に発音させます。カタカナ風の発音はよくない、という雰囲気を作ることが大切です。

指導の目安　3分×4〜5回

2.2. 大文字　一覧　　ZYX & WV / UTS & RQP / ONM & LKJ / IHG FED / & CBA

　アルファベットを逆順にした一覧を提示して、どういう順番で文字が並んでいるかを尋ねます。

```
ZYX & WV
UTS & RQP
ONM & LKJ
IHG
FED
& CBA
```

　しばらくしたあと、「うまく読むと、リズムよく読めるんだけど、どう読むといいかなぁ」と問い、読み方を生徒に考えさせます。生徒の考えを聞きながら「正解」に近づいていければ最善です。

　正順のときと同様、ここでも各行を4拍子で読むと心地よく響きます。IHGとFEDは改行されていますが、声に出して言う際には1行と見なし、全体で

5行分、つまり4拍×5のリズムで整えます。「正解」にたどりついたら、リズムをとりながら教師のあとに繰り返させます。最初は行ごとに繰り返させ、滑らかに言えるようにし、やがて、前半の3行をまとめて言って繰り返させ、また、後半の3行をまとめて言って繰り返させるのがよいでしょう。最後には、教師はスタートの合図を出したあと(指のスナップなどで)リズムを刻むだけにし、生徒だけで言わせます。

正しいリズムは次の通りです(×は休符と見なしてください)。リズムがわかりやすくなるように、改行位置を一部変えてあります。

```
ZYX & WV     (●・●・●・●・×)
UTS & RQP    (●・●・●・●・×)
ONM & LKJ    (●・●・●・●・×)
IHG FED &    (●・●×●・●・)
CBA          (●×●×●×××)
```

なお、この逆順アルファベットはOpie夫妻(Iona & Peter Opie)が編集した *The Oxford Nursery Rhyme Book*(1955, OUP)に収録されているもので、rhymeという名の通り、正順のときと同様に、韻が踏んであります。1行目～3行目までが［イー］［イー］［エィ］になっていて、4行目～5行目で、これが繰り返されています。

> 指導の目安　3分×4～5回

生徒には、韻についても考えさせたあと、次のようなハンドアウトを配布し、家庭での復習を促すことができます。

▶【05】26文字の詩②

2.3. 大文字　文字カード　「この文字の前に来る文字は？」
遊びを交えながら、さらに大文字を扱います。

その活動は、1.3の逆で、無作為に選んだ文字カードを見せ、その直前の文字を言わせるというものです。たとえば、Oのカードを見せたら、「N!」と言ってもらいます。

2.2の詩を覚えた生徒は早く答えられますが、覚えていない生徒は、正順を心の中で大急ぎで唱えたのち、当該の文字の直前の文字を言おうとするため時間がかかります。単純でありながら、意外とチャレンジングな活動で、盛り上がります。

|指導の目安　3分×3～4回|

2.4. 大文字　迷路・点結び

必ずしも行なう必要はありませんが、正順の「スタート」と「ゴール」を入れ替えれば、逆順の迷路・点結びになります。

逆順を知っていれば、紙の辞書を使うときや索引を検索するときに、目的の語により速く近づくことができます。単に遊びとしてだけでなく、実用面からも、知っておいて損はありません。

▶【06】大文字の迷路(逆順)

3. 大文字・順不同

ここからは正順でも逆順でもなく、順不同に文字を扱います。

3.1. 大文字　文字カード　　1文字ずつ、順不同

カードをシャッフルして順不同に見せ、生徒にその文字の名前を言わせます。この段階まで来れば、かなり正確な発音で文字名を言えるようになっているはずです。

|指導の目安　2分×2～3回|

3.2. 大文字　文字カード　「この文字の後に続く文字は？」「この文字の前に来る文字は？」

束の中から無作為に選んだカードを見せ、「この文字の後に続く文字は？」

あるいは「この文字の前に来る文字は？」と問いかけて、生徒に答えさせます。

指導の目安 2分×4〜5回

4. 大文字・字形認識の強化

　1つひとつの文字の名前とアルファベット順が定着してきたところで、文字を書くための準備に入ります。文字を書くためには、文字の形を正確に捉えることが大切です。そのため、文字の形に注目させるための活動を行ないます。重要なのは、生徒にそれと気づかれないように、何度も何度も文字を見せることです。「AからZまで10回見てください」と指示されて、その通りに10回見る生徒はいません。文字を繰り返し見つめさせるのに「文字を見なさい！」とはひとことも言わないのがポイントです。

4.1. 大文字分類(1)　　AH(I)MOTUVWXY / BCDEIK(H,O,X) / NSZ / F, G, J, L, P, Q, R

　まず最初は、大文字26文字を次のように分類したものを見せ、「それぞれのグループはどういう基準で分類してあるか考えてみて！」と指示します。初めはヒントなしで考えさせます。

> ① AH(I)MOTUVWXY
> ② BCDE(H)IK(O)(X)
> ③ NSZ
> ④ F, G, J, L, P, Q, R

　①は左右対称、②は上下対称、③は点対称、④はそれ以外の文字です。

　個人で考えるだけでなく、隣同士あるいはグループで相談させてもよいでしょう。やがて、分類基準がわかった生徒・グループが出てきたところで、まだ答えがわからない生徒・グループのために「形に注目してみよう！」とヒントを出します。やがて、ほとんど(あるいはすべて)の生徒・グループが答えを見つけたと判断したところで、生徒から答えをもらい、全員で確認します。

なお、下線をつけた文字は①②のどちらにも分類可能なものです。生徒に見せる際には、どちらかだけにしてもよいでしょうし、どちらにも入りうることを説明してもよいでしょう。①と②の両方に載せれば、分類基準を考えるときのヒントにもなります。

▶【07】大文字の分類(形)①
▶【08】大文字の分類(形)②

4.2. 大文字分類(2) 　　BCDEGPTVZ / FLMNSX / AHJK / QUW / IY / O, R
別の分類で提示し、生徒にその分類基準を尋ねます。

① BCDEGPTVZ
② FLMNSX
③ AHJK
④ QUW
⑤ IY
⑥ O, R

①は[イー]という音で終わる文字、②は[エ]の音で始まる文字、③は[エィ]の音が入っている文字、④は[ユー]の音が入っている文字、⑤は[アィ]の音が入っている文字、⑥はそれ以外の文字です。

前回と同様に「どういう基準で分類してあるか、考えてごらん」と指示を出します。4.1のあとで行なう活動ですから、生徒は字形に関係があると思って考え始めます。けれども、今回の分類は字形とはまったく関係がありません。しばらくたったところで、「実は今回は、文字の形は関係ありません」と種明かしをします。つまり、ここまでは文字を何度も見させるためのトリックということです。

そのあと「ひょっとしたら声に出してみるとわかるかも……」とつぶやきます。このヒントで答えがわかり始める生徒・グループもいますが、すべての分

類基準がわかる生徒・グループはそれほど多くありません。いろいろな生徒・グループから答えをもらいつつ、答えを確認するとよいでしょう。

▶【09】大文字の分類(名前)①
▶【10】大文字の分類(名前)②

4.3. 大文字分類(3)　　ILEFTH / ZVWNMXYKA / DPRB / CGOQ / J, U, S

さらに、文字の形に注目させる活動を行ないます。

> ① ILEFTH
> ② ZVWNMXYKA
> ③ DPRB
> ④ CGOQ
> ⑤ J, U, S

「これまでとは違う基準で26文字を分類してみたので、その分類基準を考えてみて」と指示して、生徒に考えさせます。前回の活動が文字の名前(呼び方)に着目したものだったので、また音声に関係しているだろうと思う生徒が多くいます。しばらくたったところで、生徒が困っているようであれば「今回は、また、文字の形に注目してみて！」とヒントを出します。まったく見当がつかないようであれば、「書くときと関係しているんだけど」と添えます。

▶【11】大文字の分類(形)③

第3節　大文字の書き方

筆法の似た文字のグループがわかったら、この基準で分類した文字をまとめて書かせる作業に移ります(このように、筆法でまとめたグループのことを letter family と呼ぶことがあります)。従来のA～Zの順に書かせる作業では、直線からなるAのあとに、時計回りの半円を含むB、そのあと反時計回りのC……といったように、筆法の異なる文字を順に書かなくてはならないため、形の整った文字を

書かせることができませんでした。けれども、これから示す方法では、同じ筆法の文字をまとめて書きますから、同じグループの文字は同じような手の動きで書くことができ、グループごとに統一感のある文字が書けるようになります。

ハンドアウトは次のような構成です。英語の文字に「絶対正しい筆順」というものは存在しませんが、ここでは、英国のペンマンシップの本で最も多く見られる筆順を添えました(これと異なる筆順を示すものもあります)。

▶【12】大文字を書く(似た文字ごと)

大文字を書くときの留意点

上のハンドアウトを使って、手書き文字の練習をさせる前に、大文字の手書き文字の書き方について留意しておくべきことを、筆法による文字グループごとに記しておきます。筆順については、上のハンドアウトと重複します。

(1) 縦・横の直線だけでできた文字

I	↓の縦棒1本です。小文字のlと紛れてしまわないかと心配になるかもしれませんが、英語にl(エル)1文字の語はありませんから、大文字のI(アイ)と混同することはありません。なお、どうしても区別したい場合には、装飾線(serif)を補って短い横棒を添える書き方もあります。その際には、あとで触れるTの筆順に合わせて、まず縦棒を書いたのちに横棒を上下の順に書きます。
L	↓のあと、一筆書きで横棒を続けます。横棒は縦棒より短くします。
E	Lを書いたのち、横棒を上から順に2本書きます。横棒の長さは3本とも同じで構いません。3本の横棒が等間隔になるように、真ん中の横棒を書きます。
F	↓のあと、横棒を上下の順に書きます。下の横棒はEの真ん中の横棒と同じ位置で書きます。
T	↓のあと、横棒を書きます。横棒を先に書こうとする人が多いのですが、縦棒を先に書く習慣を身につけさせることが肝要です。
H	左↓+右↓+→の順に書きます。横棒は縦棒の中間に書きます。同じ筆順で左右の縦棒に傾きを付ければ、Aになります。

(2) 斜めの直線が入っている文字

Z	左上から一筆書きします。
V	左上から一筆書きします。
W	左上から一筆書きします。
N	↓を書いたあと、残りを一筆書きします。
M	↓を書いたあと、残りを一筆書きします。両脇の縦棒の間にあるV字型の部分は、縦棒の中間まで下げる書き方と、基本線まで下げる書き方があります。
X	左上から↘を書いたあと、↗を書きます。
Y	左上から第1画の↘を書いたあと、右上から↙を書き、第1画と接したあと、線を下に伸ばします。↘と↙は最高線と基本線の中間で出会うようにします。
K	↓を書いたあと、右上から「く」の字型の第2画を書きます。第2画は第1画の縦棒の中間に接するようにします。全体で2画です。
A	頂点から↙と↘を書いたあと、中央線と基本線の中間に→を書きます。最初の2画の方向を変えれば、同じ筆順でHになります。

(3) 時計回りの半円が入っている文字

D	↓を書いたあと、その縦棒に接するように少し横長の半円を上から書きます。縦棒が長過ぎたり、半円が小さかったりすると、Pと区別しにくくなることがあります。
P	↓を書いたあと、その縦棒の長さの半分が直径となるくらいの少し横長の半円を上から書きます。半円が大き過ぎると、Dと区別しにくくなることがあります。
R	Pを書き終えたあと、そのまま右斜め下に線を伸ばします。
B	Pを書き終えたあと、もう1つ半円を書き足します。下の半円のほうが、ほんの少しだけ大きくなると安定感が出ます。

(4) 反時計回りの円(の一部)が入っている文字

C	時計の文字盤の1のあたりから書き始め、同じく文字盤の5のあたりで書き終わります。右側の開口部が狭いとOと区別しにくくなります。
G	第1画Cを書いたあと、第2画として—を書き加えます。Cのあと ┐を書き加えたり、鉛筆の芯を紙から離さないまま、短い縦棒(｜)を書き加える字体もあります。
O	Cの書き始めと同じところから始めて反時計回りに書き、最後に円を閉じます。最低地点から書き始めると9やeのような形になることがあり、好ましくありません。
Q	Oを書いたあと、右下に短い外向きの線を書き加えます。

(5) その他

J	右上から一筆書きします。
U	左上から一筆書きします。
S	右上から一筆書きします。曲線を意識し過ぎると数字の8に近づいてしまいます。むしろ、Zを左右反転させた文字に少し丸みをつけて書くくらいの意識で書くときれいに書けます。

文字練習のさせ方

　先のハンドアウトを使って手書き文字の練習をさせるときの、大切なポイントがあります。それは、1つの文字を繰り返し書かせる(その行の終わりまで書かせる)ことをしない、ということです。

　筆法の共通する文字を練習させるのは、同じような腕の動きに慣れ、字形を整えさせることが目的です。ですから、同じ1つの文字だけを繰り返して書くと、その意義が失われます。そもそも同じ文字を繰り返し書くと、疲れたり飽きたりして字形が崩れます。そこで、グループごとに上から下に書くように指示します。たとえば(1)のグループであれば、文字の名前を言いながら、I→L→E→F→T→Hの順、つまり縦に練習させます。それが終わったら、左から2マス目に移って、1マス目と同様に、上から下にI→L→E→F→T→Hと書かせるのです。

もう1つ大切なのは、一度に右端まで埋めさせないということです。一度にたくさん書かせると、生徒は早く終わらせようとして、だんだん文字が崩れていきます。これは、字形に注目しながら、正しい形で丁寧に書いて欲しいという教師の意図に反することです。ですから、たとえば、「1日に3マスだけ」と制限を加えることを勧めたいと思います。次の日には「4マス目から6マス目」とします。このように何日かに分けて書くことで、退屈な単純作業の連続と思わせずにすみますし、分けて練習することで、定着もはかどります。

大文字の筆順

　第1章第2節にも書いたように、英語の文字に、「絶対正しい」という筆順はありません（ということは、英米の小学校で筆順テストは行なわれていないということです）。けれども、（人口の過半数を占める）右利きの人に書きやすい「筆順の原則」は存在します。漢字と共通ですが、

> ・上から下に
> ・左から右に

というものです。

この原則を少し詳しくしてみると、次のようになります。

> ①(書き始めることが可能な)**最高地点から書き始める**
> 　C, G, I, J, L, O, Q, S (8文字)
> ②**最高地点が2か所以上ある場合は、最も左から書き始める**
> 　H, K, U, V, W, X, Y, Z (8文字)
> ③**最高地点で枝分かれがある場合は、縦棒(Aは左側)を優先する**
> 　A, B, D, E, F, M, N, P, R, T (10文字)

　ただ、これに加えて、「急いで書いて線がつながってしまったときでも、他の文字に見間違えられにくい」という筆順もあります。特に注意が必要なもの

第3節　大文字の書き方

について、補足します。

X

＼のあとに╱を書くほうが"安全"です。もしも先に╱を書いたあとで＼を書いた場合には、線がつながるとα(アルファ)と見間違えられる可能性があります。また、＼のあとに↗と書けばᶌのようになり、ⅴに見間違えられるおそれもあります。

T

Tについても「急いで書いて線がつながってしまったときでも、他の文字に見間違えられにくい」筆順で書くように指導したいものです。私の観察では、日本では、学習者だけでなく指導的立場にある先生方も圧倒的多数が「横→縦」の筆順で書いているようです。これは、字形がそっくりの漢字の「丁」の筆順で書いているわけですから、ある意味でしかたないこととも言えます。けれども、Tは「縦→横」で書くべきだと考えています。実際、英国のペンマンシップの本でも大半がこの筆順を示しています。

その大きな理由は、Tで「横→縦」の書き順に慣れてしまうと、おのずと小文字のｔも「横→縦」で書くようになるからです(こちらは漢字の「十」の書き順の影響と言ってもよいでしょう)。あとで、小文字のところ(第5節)でも触れますが、その筆順で急いで書いたｔは横棒と縦棒がつながり、その結果、頭がとがったeや、少し縦長のeに見える形になってしまい、誤読されるおそれが高まるのです。

「縦→横」を勧めるもう1つの理由があります。原則的に大文字は次の文字と続けることはしないのですが、文頭の The や This といった Th の文字のつながりが書きやすくなることです。Tの第2画の横棒の右端から、すぐにhの縦棒を書き始められるのです。

I

すでに説明したように、大文字の「アィ」は縦棒1本のⅠで十分です。けれども、どうしても小文字のl(エル)と書き分けたいということで装飾線がつい

たIを書く場合には、上で見た③の規則に従って、縦棒→上の横棒→下の横棒の順で書くよう指導します。横棒の短いTを書いたあと、一番下に短い横棒を添える感覚です。ここでは漢字の「エ」の筆順から離れることが大切です。

VとW

　VやWの筆順についても、補足しておきます。この2文字を ↘ ↗、↘ ↗ ↘ ↗ のように書くよう筆順を示しているものがあります。けれども、これは昔のペン（インク瓶にペン先をつけてから書くタイプのもの）と昔の紙（あるいは、羊・山羊・仔牛の革から作った「皮紙」(parchment または vellum)）を使っている時代に必然的に生まれた筆順でした。そのころの紙や羊皮紙は表面が必ずしも滑らかでなかったため、ペンを下から上（手前から向こう側）に向かって動かすと、ペン先がひっかかってしまい、うまく書くことができなかったのです。そこで、ペンは上から下（奥から手前）に動かすしかありませんでした。ところが、現代の紙と筆記用具を使えば、下から上に向かって線を書くことには何の問題もありません。pen lift なしで一筆書きするのが合理的です。また、↘ ↗、↘ ↗ ↘ ↗ の筆順で丁寧に書かなかった場合には、線が交差してしまい、X, XX のように見えることがありますが、一筆書きなら、このような「誤字」も防ぐことができます。

NとM

　同様のことは、NやMについても言えます。↓ ↘ ↓ や ↓ ↘ ↗ ↓ という筆順は、昔の筆記用具向けの筆順なのです。現代では、Nは左の縦棒のあとVに近い形を一筆書きで添えて全体として2画で書くようにし、Mも縦棒と残りの画で書くのが妥当です。

大文字の画数による分類

　大文字を画数でまとめてみると、次のようになります。

> 1画：C, I, J, L, O, S, U, V, W, Z（10文字）
> 2画：B, D, G, K, M, N, P, Q, R, T, X, Y（12文字）
> 3画：A, E, F, H（4文字）

大文字の文字の幅による分類

　大文字をその幅で分類してみると、次のようになります。必ずしもこの基準に厳密になり過ぎる必要はありませんが、バランスのとれた文字を書くときには大いに参考になります。

> 幅が字高よりも少し広い：MW(2文字)
> 幅と字高がほぼ同じ：CDGOQ(5文字)
> 幅が字高の約4/5〜3/4：AHKNTUVXYZ(10文字)
> 幅が字高の約1/2：BEFJLPRS(8文字)
> 最も細い：I(1文字)

大文字の略語

　大文字を書く練習が一通り終わったら、つぎのようなハンドアウトで、生徒が知っている英語の略語を書かせるとよいでしょう(ただ、NHKだけは、日本語をローマ字書きしたものの略語です)。

▶【13】大文字の略語

　このハンドアウトでは4線は示してありません。大文字の位置と字高はすべて同じなので、あえて示す必要はないからです。(4線でいえば)最高線と基本線に相当する2本だけを引いたものをガイドラインとして示し、「文字が上下の線にぴったりくっつくように書きましょう」と指示を出します。

　以上のような作業のあと、大文字のまとめとして、次のハンドアウトを使ってアルファベット順に書く練習をします。

▶【14】大文字の高さ

　以上で、大文字の指導はいったん終わり、小文字の指導に移ります。

　小文字の指導は、項目的には、これまで見てきた大文字の指導とほぼ並行的

ですが、字形が異なること、字高と位置がさまざまであることなどから、それに対応した指導が必要になります。

第4節　小文字の読み方

大文字にならって、小文字の指導手順を示すと、次のようになります。5は「正順」、6は「逆順」、7は「順不同」、8は別の分類です。

---

5. 小文字・正順

5.1. 文字カード	1文字ずつ、アルファベット順
5.2. 一覧	*abcdefg / hijklmnop / qrstuv / w & xyz*
5.3. 文字カード	「この文字の後に続く文字は？」
5.4. 迷路・点結び	

6. 小文字・逆順

6.1. 文字カード	1文字ずつ、アルファベット順
6.2. 一覧	*zyx & wv / uts & rqp / onm & lkj / ihg / fed / & cba*
6.3. 文字カード	「この文字の前に来る文字は？」
6.4. 迷路・点結び	

7. 小文字・順不同

7.1. 文字カード	1文字ずつ、順不同
7.2. 文字カード	「この文字の後に続く文字は？」「この文字の前に来る文字は？」

8. 小文字・字形認識の強化（大文字と異なる分類も）

8.1. 小文字分類⑴	*bcdegptvz / flmnsx / ahjk / quw / iy / o, r*
8.2. 小文字分類⑵	*acemnorsuvwxz / bdhkl / gpqy / f, i, j, t*
8.3. 小文字分類⑶	*lit / zvwxk / ceo / adqg / uy / bp / nhmr / s, f, j*

　5〜7の内容と活動はすべて大文字の場合と同じですので、個々の説明は省きます。大文字から小文字に変わることで、生徒は新鮮な気持ちで取り組みます。大文字を確実に身につけた自信が、少し手強い小文字に挑戦する意欲につながれば理想的です。

まず、アルファベット順(正順)に文字カードを使って練習したあとは、次のハンドアウトで確認しましょう。大文字に準じて、途中からでも言えるようにしたいものです。

▶【15】小文字の順番

前にも述べたように、生徒はふだんの生活の中で、大文字は見慣れています。けれども小文字については、小学校3年生でローマ字の授業を経験しているとはいえ、その時間数も少ないせいか、意外なほど、字形や字高を知りません。できるだけ何度も見せて、いつのまにか字形を覚えてしまうように仕向けたいものです。字高についても、時間をかけて何度も繰り返し示すことが大切で、性急に確認テストなどを行なわない心構えが必要です。

▶【16】小文字の迷路(正順)
▶【17】小文字の点結び(正順)
▶【18】小文字の迷路(逆順)

8. 小文字・字形認識の強化
8.1. 小文字分類(1)　　bcdegptvz / flmnsx / ahjk / quw / iy / o, r

大文字のときと同様、文字の名前の読み方による基準で分類したものを生徒に示します。

① bcdegptvz
② flmnsx
③ ahjk
④ quw
⑤ iy
⑥ o, r

大文字の場合と同じ分類ですから、容易に連想できますが、生徒に問いかけて、分類基準を確認するとよいでしょう。

▶【19】小文字の分類(名前)

8.2. 小文字分類(2)　　acemnorsuvwxz / bdhkl / gpqy / f, i, j, t

　分類基準探しに慣れてきた生徒に向かって、あらためて、どんな基準で分類してあるか尋ねます。今回は、大文字のときにはなかった分類です。

> ① acemnorsuvwxz
> ② bdhkl
> ③ gpqy
> ④ f, i, j, t

　分類基準を見抜こうとして、生徒は何度となく文字を見比べます。それによって、知らず知らずのうちに字形が頭の中に入っていくことを期待しています。

　正解は、それぞれの文字が4線上のどの位置にくるかによる分類で、次のように表すことができます。

> ①中央の1マス(中間線〜基本線)を使う文字
> ②上の2マス(最高線〜基本線)を使う文字
> ③下の2マス(中間線〜最低線)を使う文字
> ④それ以外

　つぎのようなハンドアウトで、意識を高めるのもよいでしょう。

▶【20】小文字の高さ

　なお、それぞれのグループを次のように呼ぶことにします。

> ①基本高(の文字)
> ②上二段高(の文字)
> ③下二段高(の文字)
> ④その他

8.3. 小文字分類（3）　　lit / zvwxk / ceo / adqg / uy / bp / nhmr / s, f, j

これまで同様、生徒に分類基準を尋ねることから始めます。

> ① lit
> ② zvwxk
> ③ ceo
> ④ adqg
> ⑤ uy
> ⑥ bp
> ⑦ nhmr
> ⑧ s, f, j

今回は大文字にもあった「筆法」によるものですが、大文字とは字形が異なるため、分類基準も大きく異なります。

> ①縦・横の直線(+点)でできた文字
> ②縦・横・斜めの直線でできた文字
> ③反時計回りの円(の一部)が入っている文字
> ④反時計回りの円と縦線が入っている文字
> ⑤反時計回りのコブが入っている文字
> ⑥縦線と時計回りの円が入っている文字
> ⑦縦線と時計回りのコブ(の一部)が入っている文字
> ⑧その他

第5節 小文字の書き方

　上の分類基準にしたがってまとめた小文字のハンドアウトを配布して練習させます。練習方法は大文字のときと同じで、同じグループの文字を上から下に（たとえば、l→i→tの順に）書きます。また、一度に書く回数は4回までです。

▶【21】小文字を書く（似た文字ごと）

　このハンドアウトで、小文字を一通り練習したあとは、実際の語の中で、どんなふうに使われているかを体験するために、次のハンドアウトを使ってみてもよいでしょう。ただ、このハンドアウトは、あくまで小文字を使って語の一部を書いてみるためのもの。正確さについて、神経質になりすぎる必要はないでしょう。

▶【22】小文字を書く（外来語）

小文字の筆順

　大文字のときにも説明したように、英語の文字に「正しい筆順」はありません。けれども、原則はあります。小文字の場合には次の2つです。

> ①（d, e, i, jを除いて）最高地点（一番高いところ）から書き始める
> ②最高地点が2か所以上ある場合には、最も左から書き始める

　具体的には、次の文字が該当します。

> ① a, b, c, f, g, h, k, l, o, q, s, t（12文字）
> ② m, n, p, r, u, v, w, x, y, z（10文字）
> 　（その他）d, e, i, j（4文字）

　この原則に従うと、次のメリットがありますので、確実に身につけさせたい

と思います。
- 急いで書いたときでも、他の文字と区別できる。
- やがて、pen lift なしで文字と文字をつなげて「続け字」を書くとき、次の文字につなげやすい。

上に示した原則に、次の補則を付け加えることもできます。

> (ア) **点はあとから付ける**
>   i, j
> (イ) **横棒はあとから付ける**
>   f, t
> (ウ) **楕円より右に縦棒がある文字は、楕円から書き始める**
>   a, d, g, q
> (エ) **楕円より左に縦棒がある文字は、縦棒から書き始める**
>   b, p

特に注意が必要なものについて、補足します。

f, t

(イ)に f, t があることに注目してください。というのは、日本人の学習者、そして先生方の大多数が、(大文字のところでも記したように) 漢字「十」の筆順の影響を受け、この2文字を「横→縦」の順で書いているからです。

けれども、この筆順で t を急いで書くと横棒と縦棒がつながり、頭が尖った e や、少し縦長の e に見えたりしてしまいます。f も同様で、少し縦長の e や数字の9に見えることがあり、ときには、生徒の書いた feet が eee のように見えることさえあります。

found? eound?　　　wanted? waneed?　　　must? muse?
　　　　　　　　　【f, t が e に見える例】

. . . form? . . . 9orm?
【f が 9 に見える例】

　漢字で慣れ親しんだ筆順と"訣別"するのは難しいことですが、英語では、誤読を防ぐためにも「最高点から」（そして「横棒はあとから」）という規則に従って「縦→横」の順に指導したいものです。そして、いつも生徒から板書を見られている先生方も、ぜひともこの筆順に"転向"していただきたいと思います。

　なお、この「横→縦」の筆順は漢字を使用する中国でも見られるようで、Sassoon (1990:50) には、中国人が書いた「頭の尖った e」が "unconventional sequencing（通常と異なる筆順）" の例として上げられています。

d

　（ウ）に入っている d ですが、ときに縦棒から書き始める生徒がいます（縦棒の下に o か c がくっついているような外見になります）。また、アルファ（α）か数字の2のように見える字形で書く生徒もいます。

　原則の①に合ってはいるのですが、この文字はその例外となります。続け文字を書く際に大きな障害となりますから、このクセをつけないように指導することが大切です。また、a, d, g, q の4文字すべてを同じ筆法で書くことを知ると、統一感のある字形を作ることができるようになります。

breed? bree2? breeα?　　wanted? waneed? wautech? wantech?
【筆順を間違ったdの例】

b

　（エ）に入っているbを楕円から書き始める生徒がいますが、左の縦棒から書き始めるように指導します。

【筆順を間違ったbの例】

p

　（エ）に入っているpを楕円から書き始める生徒がいますが、bと同じ筆法で書くように指導します。

【筆順を間違ったpの例】

i, j

　（ア）に入っているiとjですが、点はあとから打ちます。これも、点から書き始める生徒がいるのですが、急いで書いたときに「点」と「棒」がつながってしまいiがlのように見えることがあります。

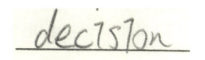

【点と棒がつながった i の例】

o

　o についても筆順の指導が必要な生徒がいます。反時計回りでなく、時計回りに書く生徒で、ちょうど答え合わせをするときの「正解のマル」を書くように書いた結果、閉じ方がいいかげんだと「9」あるいは「の」に近くなり、意外なことにこれがときに a に見えることがあるのです。

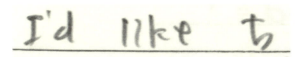

I'd like to? I'd like ち？
【時計回りに書き、横→縦の筆順で書いた直前の t とつながった例】

　また、反時計回りに書けていても、ぞんざいな書き方をすると、c や e、また、6 に見えることがありますから注意が必要です。

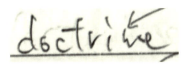

doctrine? d6ctrine?
（最後から 2 文字目の n にも問題があります）
【筆順は正しいが、o の最後を巻き込んでしまい、6 のように見える例】

小文字の画数による分類

　あらためて、小文字を画数でまとめてみると、次のようになります。

1画：a, b, c, d, e, g, h, l, m, n, o, p, q, r, s, u, v, w, y, z（20文字）
2画：f, i, j, k, t, x（6文字）

筆順の修正法

　好ましくない筆順で書いている生徒には、間違いを指摘する必要がありますが、その簡便な方法を紹介します。「始点を●か○で示し、鉛筆・ペンが向かう方向を→で表す」というものです。

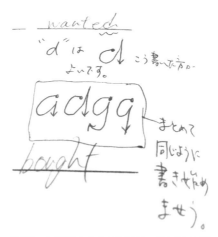

【間違った筆順の文字の指摘法・修正法の例】

コラム

印刷文字の書体について

ここまで、文字の指導法について見てきました。扱う書体は現代体でした。このことと並行して重要なのは、教科書やハンドアウトでも、できる限り現代体に近い書体を生徒に見せる、ということです。「書かせる文字」と「読ませる文字」の間に大きな違いがないことは、とりわけ初学者の負担を大きく軽減するからです。

日本の小学校教科書で使われている書体

小学校の4年生の教科書ではどんな書体が使われているでしょうか。あらためて確認してみたいと思います。

家では、体温うか知ろうと告と取りあつことに気がつ

四捨五入して十の
すると，130 km(
札幌市から旭川
何 km から何 km の

【国語・算数の小学校教科書】
(左：『新編 新しい国語4上』東京書籍、右：『新編 新しい算数4上』東京書籍)

柔らかい芯の鉛筆で書いたような、手書き文字に近い感じの文字で印刷されていることがわかります。教科書体と呼ばれる書体です。

学年が上がるとどうなるでしょうか。中学校1年生の教科書を見てみます。

【国語・数学の中学校教科書】

(左:『国語1』光村図書、右:『新編 新しい数学1』東京書籍)

　ページにもよりますが、教科書体ではない書体(明朝体やその他の書体)が使われる割合が増えてきます。

　では、なぜ教科書体が、とりわけ低学年で多く使われるのでしょうか。それは、字形に関して、はね・とめ・はらいなど、そのまま手書き文字のお手本になりうる形をしているからです。

教科書体と明朝体
　一般の書籍や雑誌で使われることが多いのは「明朝体」と呼ばれる書体です。では、逆に、なぜ低学年の教科書で明朝体が使われることが少ないのでしょうか。両者を比較してみましょう。

《明朝体》
　人、心、北、比、令、言、進、之、花、家、糸、手

《教科書体》
　人、心、北、比、令、言、進、之、花、家、糸、手

　あえて両者の違いが大きい文字を集めてみたのですが、その違いに気づいたでしょうか。よく観察してみると、明朝体が思いも寄らない字形(デザイン)になっていることがわかります。

人	明朝体では最上部から枝分かれしていますが、教科書体では左払いの途中から右払いが始まっています。
心	明朝体では第2画が「乱」の右側に似た形で、第3画の点はその真上についています。
北	明朝体では左側が「壮」の左側に似た形ですが、教科書体では、縦棒は下まで突き抜けていません。
比	左側は、教科書体では「ヒ」に近い形で2画に見えますが、明朝体では「上」に近い形をしていて、3画で書かなくてはならないように見えます。
令	明朝体では第4画が角張った「つ」のような形で最後は左上にはねていて、そのあとの第5画は縦棒ですが、教科書体ではカタカナの「マ」のような形になっています。
言	第1画は、明朝体では横棒であるのに対して教科書体では点です。
進	「しんにゅう」の形が大きく違っています。
之	第1画のあと、教科書体では全体が「Z」のような形をしていますが、明朝体では、最後の画が「へ」のようにとがっています。
花	「くさかんむり」の横棒に交差しているのが、明朝体では短い縦棒2本（最後は払わずに、止めてあります）なのに対し、教科書体では「ソ」のようになっています。
家	最後の払いが、明朝体では「うかんむり」の下の横棒から出ていて、左側の「犭」に似た部分にはまったく接していません。
糸	教科書体で第1画目の「く」の部分が、明朝体では、「ノ」と「、」の2つの部分に分かれていて、その「、」はその下にある横棒に接しています。さらに、2つ目の「ノ」は横棒の中央に接していて、その下に「小」の縦棒が接しています。
手	第4画が明朝体では直線ですが、教科書体では曲線です。

　さて、私たちがふだん手書き文字として実際に書いているのは、どちらに近いでしょうか。間違いなく、教科書体のほうです。このことを英語にもあてはめてみれば、初学者用の教科書やその他の印刷物では、手書き文字のお手本となるような書体が採用されるべきだということになります。

英語版教科書体 Sassoon

　具体的には、本書で一貫して使用してきている Sassoon という書体がお薦めです。私自身、生徒向けのハンドアウトで 20 年以上使い続けている書体です。

《Sassoon Sans Slope》

ABCDEFGHIJKLMNOPQRSTUVWXYZ
abcdefghijklmnopqrstuvwxyz

The quick brown fox jumps over the lazy dog.
Pack my box with five dozen liquor jugs.

　なぜこの書体をお薦めするかというと、一般的な活字がデザイン重視で作られるのに対し、この書体は、文字指導研究の第一人者である英国人 Rosemary Sassoon さんが、学習心理学者たちと共同で開発したものだからです（もちろん文字のデザイナーも加わっています）。

　この書体は、とりわけ子ども向けの書体として評価が高く、欧米における子ども向けの本や絵本で近年、実に幅広く使われていて、英語版教科書体とでも呼べる書体です。

　なお、この書体はパソコン用フォントとして購入することができます。詳細は、http://www.sassoonfont.co.uk をご覧ください。本書で使っている書体以外のさまざま書体見本が見られるだけでなく、この書体の教育的な意義などを知ることができます。

Sassoon の代案①

　Sassoon 以外にも、英語版教科書体と呼べる書体があります。1 つめは、後続の「現代体の字形の整え方」というコラムでも少し触れる Briem Handwriting という書体です。

《**Briem Handwriting**》
ABCDEFGHIJKLMNOPQRSTUVWXYZ
abcdefghijklmnopqrstuvwxyz

The quick brown fox jumps over the lazy dog.
Pack my box with five dozen liquor jugs.

　Sassoon では、pq を見るとわかるように、幅広の楕円が基調になっているのに対して、Briem Handwriting では pq と、丸みを帯びた三角形が基調になっているのが特徴です。詳細は、以下のサイトをご覧ください。
　Windows 用：http://briem.net/4/4201/4201_4131.html
　Macintosh 用：http://briem.net/4/4201/4201_4091.html

Sassoon の代案②
　もう1つの英語版教科書体は、Lucida Sans を Italic（斜字体）にして使うというものです。

《**Lucida Sans の Italic**》
ABCDEFGHIJKLMNOPQRSTUVWXYZ
abcdefghijklmnopqrstuvwxyz

The quick brown fox jumps over the lazy dog.
Pack my box with five dozen liquor jugs.

手書き文字風のフォントについて
　ところで、文字指導の観点から、好ましくないと思っているフォントがありますので、ここで触れておきたいと思います。それは、多くの先生方が"愛用している"手書き文字風の書体です。仮にご自身では使ったことがなくても、大半の先生方はご覧になったことがあるはずです。

《Comic Sans》
ABCDEFGHIJKLMNOPQRSTUVWXYZ
abcdefghijklmnopqrstuvwxyz

The quick brown fox jumps over the lazy dog.
Pack my box with five dozen liquor jugs.

　まるでフェルトペンで手書きしたような文字です。洗練されたデザインの書体にはない人間味が感じられる書体です。Comic Sans と呼ばれるこの書体は、まさにマンガの吹き出しにもってこいという感じがします。円も微妙にゆがんでいたりして素朴な味わいがあって人気があるのも理解できます。けれども、だからといってこの書体が初学者の目に頻繁に触れてよいかとなると、首を横に振らざるをえません。

　というのも、字形をよく見るとわかるのですが、この書体の字形は基本的に活字体と同じなのです（たとえば、a は C と l の組合せでできた 2 画の文字です）。ということは、一筆書き（1 画）で書ける文字が少なく、滑らかに書くことが難しい文字だということになります（そして、この字形では続け字にすることもできません）。ワードカードやハンドアウトを通して生徒に見せることは、ぜひとも避けたい書体です。

第6節　大文字と小文字を結びつける

　ここまで大文字と小文字を別々に扱ってきました。このあとは、同じ名前の大文字と小文字同士を結びつけることが必要です。つまり、「この小文字の大文字はこれ」「この大文字の小文字はこれ」と指摘したり、書けたりする必要があるということです。

大文字と小文字の字形を比較する

　大文字と小文字を結びつけるきっかけとして、次のような分類を示して、これまでと同様に、その分類基準を考えさせることができます。

> ① COSVWXZ
> ② IJKPUY
> ③ BL
> ④ FHT
> ⑤ ADEGMNQR

　実はこれだけではなかなかわかりませんから、しばらく考えさせたあと、次のように小文字を添えてみます。

> ① CcOoSsVvWwXxZz
> ② IiJjKkPpUuYy
> ③ BbLl
> ④ FfHhTt
> ⑤ AaDdEeGgMmNnQqRr

　これにより、少なくとも①については、「大文字をそのまま小さくすると小文字になる」という答えが得られます。そのあとは「大文字と小文字を見比べてみて」と声をかけ、②から⑤にいくにつれ、大文字と小文字の字形の差がだんだんと大きくなっていることを確認します。

上の分類は、小文字の形を基準にして、次のように表すことができます。

> ①大文字がそのままの形で小さくなった
> ②大文字のごく一部が変化した
> ③大文字の一部が省略された
> ④大文字の一部がつながった・交差した
> ⑤大文字が大きく変形して一筆書きしやすくなった

これがわかったら、次のようなハンドアウトを配布して、すでに記入されている大文字のとなりに小文字を書かせます。

▶【23】大文字と小文字①

大文字から小文字への変遷を想像する

さらに、大文字と小文字の連想を強めるためには、次の作業が効果的です。それは、文字の変化の歴史を、生徒に想像させるというものです。

英語で使っている文字は、ローマ文字です。ギリシャから伝わった文字が変化して、その名の通り、ローマ帝国の時代に完成した文字です。ただこの頃に小文字はまだありませんでした。たとえば、ローマの遺跡の石に刻まれた文字を見てみると、大文字しか書かれていないことがわかります。「世界史」の資

【ローマの遺跡に彫られた文字】

料集などで確かめさせるとよいでしょう。

　つまり、今から 2000 年ほど前、ローマ文字には大文字しかなかったということです（文字と言えばこの文字だったわけなので、「大文字しかない」という表現は矛盾しているのですが）。その後、「同じスペースの中に少しでも多くの文字を書きたい」、また「文字が小さければ速く書ける」という強い思いが何十世代にもわたって伝わり、700 年ほどかけて小文字が生まれることになりました。

　生徒には、この事実を話したあと、次のようなハンドアウトを配布して、→の間に入る文字を想像させます。およそ大文字から小文字、あるいは小文字から大文字が容易に想像できる①と②については、扱う必要はありません。大文字と小文字の連想がつきにくい文字、つまり、③〜⑤の文字について、この作業をさせると効果的です。

▶【24】大文字と小文字②

　生徒は想像力を使って空欄を埋めようとします。この活動の意味は、大文字から小文字への変遷の歴史を想像させるフリをして、大文字と小文字とを何度となく、いや、何十回も見比べさせることにあります。ですから、生徒の想像した変遷の「正否」を問うことに大きな意味はありません。もちろん、「正解」を配布しても構いません。

B →(B)→(ƀ)→(ƀ)→ b
L →(L)→(L)→(⎿)→ l
F →(f)→(f)→(f)→ f
H →(H)→(ん)→(h)→ h
T →(丅)→(十)→(t)→ t
A →(A)→(α)→(a)→ a
D →(D)→(♪)→(♪)→ d
E →(E)→(∊)→(∊)→ e
G →(G)→(g)→(g)→ g
M →(M)→(m)→(m)→ m
N →(N)→(N)→(n)→ n
Q →(Q)→(Q)→(q)→ q
R →(R)→(k)→(r)→ r

　こうした作業で、大文字と小文字との連想が確かなものになったところで、より定着を図るために次のようなハンドアウトを使うこともできます。

▶【25】大文字と小文字③
▶【26】大文字と小文字④
▶【27】大文字と小文字⑤

画数の減少

　大文字から小文字が生まれることで、26文字の総画数は最大14画減りまし

た。先に見た分類別に画数の変化を見てみると、下のようになります。「より多くの文字を、より速く書きたい」という、大文字から小文字ができた事情を考えると、字形の変化が著しい④と⑤で画数がとりわけ減っているのは、なるほどと思わされます。

> ① CcOoSsVvWwXxZz
> ② IiJjKkPpUuYy
> ③ BbLl
> ④ FfHhTt
> ⑤ AaDdEeGgMmNnQqRr

② Ii(+1), Jj(+1), Pp(–1), Yy(–1)
③ Bb(–1)
④ Ff(–1), Hh(–2)
⑤ Aa(–2), Dd(–1), Ee(–2), Gg(–1), Mm(–1), Nn(–1), Qq(–1), Rr(–1)

小文字になって画数が増えたのは i と j です。小文字になって点が付き、そのぶん画数が増えました。この点は、当初、ı と ȷ だった小文字が、1本の線だけの文字で見落としがちだったため、いわば「ここに文字があるから見落とさないで！」という"自己主張"のために付け加えられたものです。

なお、①に限らず、多くの文字でサイズが小さくなっていることも見てとれます。

現代体の字形の整え方

　現代体の最大の特徴は、右にやや傾いていることです。言い換えてみると、活字体が、正方形や、正方形を２つ縦に並べた長方形の枠に収まる形だったのに対し、現代体は（角が直角でない）平行四辺形の枠に収まる形をしているということです（ハンドアウト【14】【30】を参照）。

　そして、もう１つの特徴は、活字体と比較してみてわかったように、現代体には一筆書きできる、つまり、１画で書ける文字が非常に多いということです。その理由は、「活字体」とは異なり、「正円」でなく「楕円（のような形）」が使われている点にあります。

　現代体の形を整えるためには、この「楕円（のような形）」をうまく書くことがカギです。この形の作り方には２つの方法があります。

楕円に角をつける方法
　まず１つめは、平行四辺形の枠いっぱいに収まる楕円を書き、それに角（カド）をつける方法です。その結果、もともとの楕円は涙滴型になります。

　まず、次のように、枠いっぱいの楕円を書く練習をします。b, p では楕円は左下から書き始めて時計回りに、a, d, q などでは右上から書き始めて反時計回りに書くことになりますから、これをイメージして、「左下始めの時計回り」と「右上始めの反時計回り」の２つの筆法で行ないます。

　そのあと、b, p なら左下、a, d, q なら右上が尖ってカドができるように練習します。現代体の、ほかのほとんどの文字は、以下で説明するように、この基本形から派生した形をしていますから、ここでの練習は重要です。

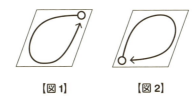

【図1】　　【図2】

　これを基本として、b の最後の閉じをやめて楕円の右側が平行四辺形の枠に接したところから、縦棒と並行に直線を下ろせば h になります。その h の最初の縦棒を短くすれば、n になり、コブをもう1つ作れば m になりますし、n の最後の縦棒を書かなければ r になります。

b h n m r

【図3】

　a の書き始めを平行四辺形の枠の左側に合わせれば u になります。

【図4】

　i の下に、b, p に含まれる楕円の最終部分のカーブを付け足すと、j になりますし、a, u の下に同じカーブを付け足すと、それぞれ g と y になります。

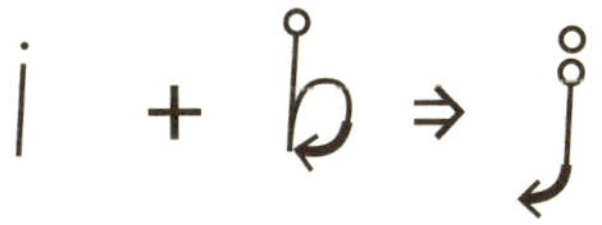

i ＋ b → j

【図5】

第6節　大文字と小文字を結びつける

また、a に含まれる楕円の開始部分のカーブの下に直線を書き、その下に b, p の最終部分のカーブをつけ、そのあとで横棒を書き足せば f になります。また、h の最後を縦棒と並行にせず、＜を付け足せば、k になります。

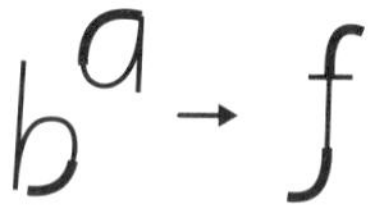

$b^a → f$　$h → k$

【図6】 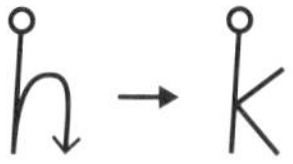　　　　　【図7】

というわけで、平行四辺形に収まる2種類の涙滴型を身につけると、上で見たように、26文字中、実に半分以上の15文字（$adq;g;uyj; f$ / $bphnmr$ / k）の形を整えることができるようになります。

さらに、a のカーブを少し変形させると、c, e, o が書けますし、i, l, t, v, w, x, z という直線だけの文字を加えれば、これで25文字が完成します。

$a → ceo$

【図8】

残りの1文字は s です。これは曲線を意識し過ぎると数字の8のようになってしまいます。むしろ、z の鏡文字に少し丸みをつけるつもりで書くとうまくいきます。

$Σ → S → S$

【図9】

次の図のように、右から左に向かう水平の線を意識してみましょう。

𝑎 でなく 𝑎 ←水平に   𝑏 でなく 𝑏 ←水平に

【図10】

これをフォントにしたものが、Sassoon フォントです。

ABCDEFGHIJKLMNOPQRSTUVWXYZ
abcdefghijklmnopqrstuvwxyz

The quick brown fox jumps over the lazy dog.
Pack my box with five dozen liquor jugs.

三角形に丸みをつける方法

　現代体の形を整えるためのもう1つの方法は、平行四辺形の辺と対角線からなる三角形を造り、それに丸みをつけていくというものです。

　字形の整え方の原則は、涙滴型の場合と同様ですが、異なるのは、b, p は対角線と右下の2辺からなる三角形を使い、a, d, g, q では対角線と左上の2辺からなる三角形を使う、という点です。

　a, d, g, q の書き出しと、b, p の書き終わりが (ほぼ) 水平方向に、右から左に (←) 進むのが特徴です。

　これをフォントにしたものが、Briem Handwriting です。

《**Briem Handwriting**》

ABCDEFGHIJKLMNOPQRSTUVWXYZ
abcdefghijklmnopqrstuvwxyz

The quick brown fox jumps over the lazy dog.
Pack my box with five dozen liquor jugs.

どちらかの練習方法で、現代体の特徴的な筆法に慣れさせたいものです。

　なお、このような字形の特徴を持つ現代体の小文字同士の関係を表すと次のようになります。矢印をたどってみると興味深いと思います。

```
              z  ⇄  k     r
              ↑↓       ↑↓  ↑↓
        x ⇄ v ⇄ w    h ⇄ n ⇄ m
                     ↑↓
        ↑↓      p ⇄ b    s
         ↗                ↑↓
        l ⇄ i ⇄ j ⇄ f ⇄ t
            ↑↓  ↑↓
            u ⇄ y
            ↑↓  ↑↓
    o ⇄ e ⇄ c ⇄ a ⇄ g
            ↑↓  ↑↓
            d ⇄ q
```

【文字相関図】

第7節 大文字と小文字の練習

小文字の字高と位置の指導

　小文字の習得が難しいのは、さまざまな字高と位置を覚えなくてはならないからです。これについては、「第2章第4節 8.2. 小文字分類(2)」でも扱いましたが、あらためてその字高・位置を確かめるために、実際に手を動かして文字を書かせてみるとよいでしょう。

　まず、次のハンドアウトを使って、a〜zまでの一覧を見ながら、それぞれの文字が4線上のどこに位置しているか(基本高か、上二段高か、下二段高か)に注意しながら、適切な枠の中に文字を入れていきます。

▶【28】小文字の高さ①

　さらに、小文字の形と字高と位置を意識させるために、次のようなハンドアウトを配布して、間違った小文字を訂正させます。教育の鉄則に、「間違いは生徒の目に触れさせない。なぜならば、間違いのほうが定着してしまうといけないから」というものがありますが、ここではその禁をあえて破ることにします。

▶【29】小文字の高さ②

　以上のような作業を終えたあと、アルファベット順に戻って、次のハンドアウトを使って、字高と位置に着目させて、書く練習をします。

▶【30】小文字の高さ③

　そのあと、次のハンドアウトを使って、小文字の字高・位置に注意させながら小文字を書かせます。見るとわかるように、4線ではなく2線(基本線と中間線のみ)になっています。つまり、それぞれの文字が、

> ・基本線と中間線の間に収まる文字(基本高の文字)なのか
> ・それより上にはみ出る文字(上二段高の文字)なのか
> ・それより下にはみ出る文字(下二段高の文字)なのか

を意識させるようになっています。すぐ隣にある通りに写せばよいのですから、単純といえば単純ですが、上の3つの観点を生徒に伝えることで、書き写す作業の質が変わってきます。

▶【31】小文字の高さ④

このあと、さらに難度を上げて次のハンドアウトを使います。一見、前のハンドアウトとそっくりですが、今度は1線になっています。これにより、

> ・基本線から少しだけ上に出る文字(基本高の文字)なのか
> ・たくさん上に出る文字(上二段高の文字)なのか
> ・基本線をはさんで上下にまたがる文字(下二段高の文字)なのか

を考えながら書くことになり、あらためて小文字の字高・位置に関する意識づけを行なうことができます。

▶【32】小文字の高さ⑤

小文字の曖昧性の確認・境界の指摘

小文字の指導の仕上げとして、次の図を生徒に見せ、「どんな点に注意しないと文字が区別しにくくなるか」を考えさせます。左右を隠して途中の"文字"を1つだけ見せ、それがどちらの文字に見えるかを尋ねてもよいでしょう。そうすることで文字同士の弁別に必要な要素を認識することができ、どんな点に気をつけて書けばよいかを意識して書くことにつながります。

```
a a u u u      a d d d
a a q q        b h h h
c c e e        c c c o
f f f t        g g q q
g g y y        h h n n
u u u n n      r r r n n
r r v v
```

なお、当然のことながら、この図で取り上げた文字の組合せの大半は、第1章第3節の「0-1. 文字の形がわかる」で取り上げたものと共通しています。

また、大文字についても同じことが行なえます。

```
A A H H H      C C C O
D P P P        H H M M
H N N N        I J J J
K R R R        M M M N
U U V V        Y Y Y V
```

大文字の練習（2線）

　文字単独の指導の最後に、大文字を筆法でまとめたものを、あらためて練習させます。ただし、今回は、2線しかありません。

　基本線と中間線が示してありますので、文字の上部が中間線の上にはみ出るように書かせます。はみ出た部分の高さができるだけ同じになるよう指示します。示された筆順で書くと、グループ内の文字同士の類似性がよくわかり、字形が整います。

▶【33】大文字の練習(2 線)

小文字の練習(2 線)

　今度は、小文字を筆法でまとめてものを、2線上に練習させます。小文字は字高や位置がさまざまです。2線の間に入るのか、上に出るか、下に出るかに注意して書かせます。大文字と同じく、示された筆順で書くと、グループ内の文字同士の類似性がよくわかり、字形が整います。そのことを意識させるとよいでしょう。

▶【34】小文字の練習(2 線)

大文字と小文字の練習(1 線)

　最後に1線上に書かせてみましょう。これまでの指導が丁寧にされていれば、多くの生徒が正しく書けるはずです。

▶【35】大文字の練習(1 線)
▶【36】小文字の練習(1 線)

コラム

左利きの生徒の指導について

　左利きの人よりも右利きの人のほうが圧倒的に多いため、この世の中のほとんどの文字は右利きの人に書きやすくできているようです。アラビア文字やヘブライ文字など一部を除くと、行の中では左から右に横書きし、行そのものは上から下に書く文字が大多数です。これは、書いているところが見やすいように、そして、すでに書いた文字が見やすいように、さらに、書いたところを自分の手で擦って汚してしまわないようにするための工夫と考えられます。

　日本語で使う、漢字・ひらがな・カタカナの個々の文字の筆順も、横画は左から右に向かいますから、右利きの人に書きやすいものになっています。英語（ローマ文字）の場合も同様です。

　そのため、左利きの人は、文字を書こうとしたとき、右利きの人が感じることのない困難に直面することになります。その困難を少しでも和らげるために、次のような指示が助けとなります。

ノート・紙の位置
　鉛筆が紙に接しているところ、つまり、今書いている文字がよく見えるよう、イラストのように、体の中心より左側にノートや紙を置くようにします。そして、自分の書きやすさに合わせて、そのノートや紙を、少し右に傾けます。紙を傾けないと、手首を外側にひねらなくてはならず、そのため長く書き続けることが苦痛になってしまいますが、傾けることでそれが防げます。

【左利きの人の紙の位置】

(Ministry of Education (New Zealand) 1985)

鉛筆・ペンの持ち方など

右利きの人が普通に持つ位置よりも上のほう（芯から遠いところ）を持つようにします。これも、書いているところがよく見えるようにするためです。

よりよく見えるよう視線の位置を高くするのも一案です。具体的には、右利きの人より高い椅子を使ったり、座布団やクッションを使って、「座高を高く」するとよいでしょう。

鉛筆の向き

右利きの場合、鉛筆の端（芯でないほう）は自分の右肩のほうを向いていますが、左利きの場合、鉛筆は横向き、つまり、体が正対している側の机の辺と平行に近くなることが多いようです。

手本の作り方

たとえば文字の練習をする場合、お手本として示された文字は、その行の左端に書いてあることが一般的です。ところがこれはあくまで右利きの人向けであることを認識しなくてはなりません。というのも、左利きの人の場合には、その手本が鉛筆をもった自分のこぶしで隠れてしまうため、見ることができなくなってしまうからです。左利きの生徒のためには、行の右端に手本を示す必要があります（本書に収めたハンドアウトでは、一部で、両端に手本を示すようにしました）。

【右利き用と左利き用の手本を添えた例】

右利きの人の「左利き体験」

ところで、右利きの人には、左利きの人が（右利きの人向けに作られている文字を）書くときの大変さはなかなか理解できません。単純にマネをして左手で文字を書いてみても、利き腕でないのですから書きにくいのは当たり前です。

ところが、その大変さを知る、実に単純な方法があります。それは、「**利き腕の右手を使って、左右逆転した鏡文字を右から左に書く**」というものです。

　鏡文字を書くこと自体は難しいかもしれませんが、左利きの生徒の苦労を実感してみるのは、有意義なことだと思います。ぜひ一度試してみてください。教師が体験するだけでなく、右利きの生徒に体験させてみるのも教育的に意味のあることだと思います。

補足：鉛筆の持ち方の矯正方法について
　英語を書く場合と日本語を書く場合で、鉛筆の持ち方に違いはありません。けれども、私の見るところでは、現在の生徒は鉛筆の持ち方が、悪い意味で"多様化"しているように思います。「悪い意味で"多様化"」というのは、鉛筆の操作がしにくくなる持ち方、言い換えれば、鉛筆の芯の可動域が狭まる持ち方になっている生徒が増えている、ということです。

　日本でも英語圏でも奨励されている鉛筆の持ち方は、親指・人さし指・中指の３本を使い、その３本がどれも鉛筆に触れるようにして持つ、というものです。親指と人さし指で鉛筆の軸を両側からつまむようにして持ち、軽く曲げた中指(の人さし指側の爪の端)の上に鉛筆を軽く乗せるようにします。芯のほうから指を見てみると、この３本の指がちょうどカメラを載せる三脚のように見えるので、英語では tripod grip (三脚持ち)と呼び、鉛筆を持つ指のすきまが、ほぼ正三角形になっているのがわかります。そして、このとき、人さし指はおよそ芯の方向を向いています。

　ところが、３本の指が鉛筆に触れていない持ち方をする生徒が多く見られるのです。その持ち方には大きく２種類あって、１つは、親指が人さし指の上に乗っているというもの、もう１つは、逆に人さし指が親指の上に乗っているというものです。

　３本指で持つ場合に比べて、どちらも芯の可動域が狭まるため、動きがぎこちなくなり、滑らかな線が書きづらくなります。また、指２本で操作し切れない動きを補おうとして、手首を小さく左右に回転させる動作が必要になりま

す。結局、疲れやすくもなり、速く書こうとした際に、思うようにスピードが上がらないという悪影響も考えられます。

　本来、鉛筆の持ち方を指導するのは英語学習以前の問題でしょう。けれども、ここでは、英語の手書き文字の導入をきっかけに、3本の指で鉛筆を持つことの効用を述べたあと、生徒の鉛筆の持ち方を修正してみることを提案します。

　ちなみに、もうすでに理想的でない持ち方が身についてしまっている場合、上に述べたような「三脚握り」の説明をしても、すぐに慣れ親しんだこれまでの持ち方に戻ってしまいます。助けとなるのは、次のような鉛筆や補助器具です。これによって、三脚握りの"心地よさ"を実感させたいと思います。

三角軸の鉛筆
・サクラクレパス　かきかたえんぴつ(2B)
・三菱鉛筆　三角かきかたえんぴつ(2B)
・トンボ鉛筆　Yo-i もちかたえんぴつ(三角軸)(2B)

鉛筆グリップ
・トンボ鉛筆　Yo-i もちかたくん(右手用／左手用)

　これ以外にも外国製のものを含め、いろいろな製品をさがすことができます。

第3章

語を教える

第1節 文字・綴りと発音の関係に着目して

「英単語＝漢字」論を超えて

　これまでの指導で、生徒たちは 1 つひとつの文字が正しく書けるようになったはずです。この章では、その文字を使って語を書くときの手助けとなる指導について説明します。

　その具体的な練習に入る前に、英単語の綴りを生徒がどのように捉えているか、さらに言えば、指導する立場にある先生方自身がどのように捉えているかを見ておこうと思います。

　先生が生徒に語を書かせるのは、新出語を練習させる場面が多いでしょう。このとき、多くの先生が、「1 語につき 1 行」とか「1 語につき 10 回」といったノルマを与え、生徒に 1 つの語を、声に出しながら繰り返し書かせる作業を課しています。従順な生徒はその指示に従い、黙々と修行のようにノートに語を書きつけます。

　けれども、この指導方法(そして学習方法)は適切なのでしょうか。これは明らかに漢字(の字形)を習得するときの方法の"応用"です。漢字は字形を見ても、それが表す音はわかりません。けれども、なんとかして字形と読みを覚えなくてはなりません。そこで、読み方を口にしながら、ただひたすら何度も何度も書くのです。

　たとえば「机」という漢字。これをなぜ[キ]と読むかについて、説得力のある説明はできません。もちろん、この文字の旁(つくり)「几」を[キ]と読むからだ、というところまでは説明できるかもしれません。けれども、それではなぜ「几」という漢字を[キ]と読むかについては、「そう決まっている」と言うしかありません。漢字の字形とその読み方の間には合理的な理屈は存在しないので、「キ」と言いながら、手本を見ながら繰り返し「机」と書いて、その字形と読み方を覚えることになるのです。

　ところが、英単語は漢字ではありません。たとえば、desk. これをノート 1

行分、あるいは10回書く必要性はあるのでしょうか。[desk]という発音どおりにdeskと綴られているのです。つまり、英単語は、日本語でたとえてみれば、ひらがなカタカナで書かれた語です。小学校1年生が「つくえ」というひらがな3文字で表された語を覚えるとき、「つくえ」を10回書く必要はないはずです。結局、英語の新出語を繰り返し書かされることで、「英単語(の綴り)は漢字と同じように学習して覚えるものだ」という誤った意識が育ってしまいます。

さらに「英単語＝漢字」論に拍車をかけるのが発音記号です。chairに添えられた[tʃeɚ]という記号は、生徒にとっては「ふりがな」以外の何ものにも見えません。漢字の「机」はそれだけでは読み方がわからないので、音読みなら「キ」とふりがなを付けます。それと同様に英語でも「chairだけでは読み方がわからないから、発音記号というのを付け足すのだ」と生徒は捉えてしまうのです。つまり、ふりがなのついていない漢字が読めないのと同様に、発音記号がついていない英単語は読み方がわからない、という間違った解釈に陥ってしまうのです。

たしかにchairは小学校3年生で学習した「ローマ字」では太刀打ちできません。というのも[チャイル]とは読まないからです。けれども、「英単語が"ローマ字読み"できないこと」イコール「英単語の読み方にルールはないので発音記号を覚えるしかない」というのは早計ですし、「綴りはひたすら繰り返し書くことで覚えるしかない」というのも間違いです。

「フォニックス」という言葉を耳にしたことがあると思います。英単語を作り上げている文字・綴りと、それが表す発音との関係を指導するための方法です。生徒に語(の綴り)を指導する際には、綴りと発音の関係を意識しながら指導することがたいへん重要です。chairの例でいえば、air, fair, hair, pair, stairなどからわかるように、英語のairは[eɚ]と読むという規則が存在します。

（なお、この本は教師用のものですから発音記号を使って説明しています。生徒に向けて使うという意味ではありません。）

そこで、以下では、基本的なフォニックスの規則を意識させながら、単語を

第1節 文字・綴りと発音の関係に着目して

書かせる作業を紹介します。

「ローマ字読み」からの脱却を目指して

　生徒が困惑するのは、英語の文字は、語の中に入ったとたん、原則的に、「文字の名前(文字名)では読まなくなる」ということです。aからzまで文字の名前を覚えて、「よーし、これで英単語が読めるようになったぞ！」と思っている生徒にとって、desk を[ﾃﾞｨｰ・ｲｰ・ｴｽ・ｹｨ]とは読まない、という事実はかなり衝撃的です。というのも、日本語では「あ」から「ん」までの「文字」1つひとつが読めるようになれば「つくえ」「いす」という「語」は読めるようになるのですから。そこでまず、語の中に入ったとたん、原則的に、a〜zの文字は[ｴｨ]〜[ｽﾞｲｰ]という文字名では読まなくなる、ということを理解させることが必要になります(ただ、すぐ下で説明するように a, e, i, o, u は文字名で読むこともあります)。

　まず、a, e, i, o, u という「母音字」と、それ以外の文字(＝子音字)に分けて考えます。そして、「母音字」には次の2通りの読み方があることを伝えます。
①文字名と同じ音。つまり[ｴｨ]［ｲｰ］［ｱｨ］［ｵｩ］［ﾕｰ］
②[ｪｱ]［ｴ］［ｲ］［ｫｱ(あるいは)ｵ］［ｱ］と表せるような音

　①が多数であれば生徒にとってはありがたいのですが、残念ながら、②の読み方のほうが多いのが現実です。ただ、多いということは頻繁に出会うので覚えやすい、ということでもあります。なお、この読み方はローマ字読みと似ているようで少し異なる音です。

　さて、それ以外の文字(＝子音字)はどうでしょうか。第2章第2節4.2や第2章第4節8.1で見たように、英語の文字の読み方にはいくつかのパターンがありました。そのパターンを活用して説明すると生徒の理解の助けとなります。

　次の表は、アルファベット順に並べた大文字と小文字ですが、母音字が行頭にくるように改行してあります。右側の子音字には3種類の装飾を施してみました。装飾の違いはどんな基準によっているのかを生徒に思い出させるとよいでしょう。

```
母音字    子音字
Aa      Bb Cc Dd
Ee      Ff Gg Hh
Ii      Jj Kk Ll Mm Nn
Oo      Pp Qq Rr Ss Tt
Uu      Vv Ww Xx Yy Zz
```

　網かけの文字は文字名が[イー]の音で終わる文字、枠囲みの文字は[エ]で始まる文字、下線の付いた文字は[エィ]で終わる文字、何もついていない文字はそれ以外、ということはもう簡単にわかるはずです。このことを利用して、それぞれの文字の「語中での読み方」を説明します。

網かけ	文字名の終わりに聞こえる[イー]の音を取り除いた音(つまり、文字名の最初に聞こえる音)で読む文字(なお、CcとGgには、もう1つ別の読み方もあります)
枠囲み	文字名の最初に聞こえる[エ]の音を取り除いた音(つまり、文字名の最後に聞こえる音)で読む文字
下線	文字名の終わりに聞こえる「エィ」を取り除いた音(つまり、文字名の最初に聞こえる音)で読む文字
無印	上の3つの規則が当てはまらない文字

　上で説明したことを、あえてカタカナで表記してみると、次のようになります。

「イー」を取り除いて読む文字

文字	文字名のカタカナ表記	音を分解して	イーを取り除くと
Bb	ビー	→ ブイー	→ ブ
Cc	スィー	→ スイー	→ ス
Dd	ディー	→ ドイー	→ ド
Gg	ヂー	→ ヂイー	→ ヂ
Pp	ピー	→ プイー	→ プ

第1節　文字・綴りと発音の関係に着目して

Tt	ティー	→	トイー	→	ト
Vv	ヴィー	→	ヴイー	→	ヴ
Zz	ズィー	→	ズイー	→	ズ

「エ」を取り除いて読む文字

文字	文字名のカタカナ表記		エを取り除くと
Ff	エフ	→	フ
Ll	エゥ	→	ゥ（舌先が上の前歯の付け根に触れています）
Mm	エム	→	ム
Nn	エンヌ	→	ンヌ
Ss	エス	→	ス
Xx	エクス	→	クス

「エィ」を取り除いて読む文字

文字	文字名のカタカナ表記	音を分解して		エィを取り除くと	
Jj	ヂェイ	→	ヂエィ	→	ヂ
Kk	ケィ	→	クエィ	→	ク

文字名とは関係ない音で読む文字

文字	発音の説明
Hh	ハ・ヘ・ホの最初の音（正確には、次に続く母音を息だけで言う音）
Qq	常に qu の綴りで現れる文字。qu で kw（唇を尖らせて言う k）の音
Rr	舌先を少し持ち上げ、口の中に隙間のある壁、言いかえれば「ついたて」を作っておいて出す r の音
Ww	唇を細く突き出して言う [ゥ] の音
Yy	ヤ・ユ・ヨの最初の音

　英語には、母音字を組み合わせたり、子音字を組み合わせたりした「文字のかたまり＝綴り」もありますから、実際にはそうした綴りの存在、そして、その読み方についても意識させ、指導していくことになります。

従来、語の綴りを覚えるのには、先にも触れたように、たとえば「ノートに10回書く」といった方法が一般的でした。綴りと発音の関係がルール通りでない語(たとえば、break, could, once, two, your, who など、sight word と呼ばれる語)には、この方法も部分的に役立つことがありますが、ルール通りに読める語であれば、何度も書く必要はないでしょう。

　むしろ大切なのは、生徒自身が正しい発音で言えるようになることです。たとえば、「読む」も「導く」もカタカナ風に[リード]と発音している生徒にとって、これを read と lead に書き分けるのは、同音異義語を覚えるのと同じ、厄介な課題になってしまいます。つまり、その生徒にとっては「(同じ発音なのに!)意味が違うと綴りも違う」ということですから(ちょうど日本語の「はかる」を、意味によって「測る」「謀る」「図る」「諮る」と書き分けるのと同じ感覚だということです)。ところが、実態は違います。「発音が違うから(それゆえに)綴りも違う」のです。
　(ちなみに、「道路」は road／「乗った」は rode や、「正しい」は right／「書く」は write という同音異綴の問題は、これとはまた別の話です。)

　なお、語を書く場合、文字と文字との間が空き過ぎると、語と認識できず、単なる文字の羅列と解釈されてしまいます。ハンドアウト【45】に記したように、1語内の文字がどれくらい離れると語として認識しにくいかを意識させることも大切です。

　扱う文字・綴りは次のものです。

> ① 1文字の母音字(文字名でない読み方)・1文字の子音字
> ② 2〜3文字の子音綴り
> ③ 1文字(+e)の母音字(文字名の読み方)
> ④ c, g の2通りの読み方
> ⑤ 2文字の母音字

　以下のハンドアウトを使って、「文字・綴りは発音を表している」「発音は文字・綴りで表せる」「ローマ字読みできない母音字のかたまりがあるが、規則

性はあるらしい」ということを理解させれば、語の綴りを覚えるための生徒の苦労は、間違いなく大いに軽減されます。と同時に、正しい発音を覚えると語の綴りも覚えやすくなるということに気づきますから、発音向上という波及効果も生まれます。

この一連のハンドアウトの目的は、主なフォニックスの規則に一通り触れさせ、その規則に当てはまる語を書いてみる、ということ(だけ)です。規則の定着を図る必要はまったくありません。

扱うペースは、学年にもよりますが、2〜3時間に1枚くらいのゆっくりしたペースでよいでしょう。

なお、文字・綴りと発音の関係の指導で大切なのは、扱う語の意味には触れないこと。One thing at a time.「一時に一事」が教育の大原則です。ハンドアウトには、意味も添えてありますが、授業では、音と文字・綴りの関係だけに絞ってください。それにより、活動の意味が明確になり、生徒もその関係を理解することに集中できます。

▶【37】〜【55】文字の発音
　【37】a, e, i/ t, d, n
　【38】p, b, m
　【39】o, u/ s, z
　【40】k, h
　【41】f, v
　【42】w, y
　【43】r, l
　【44】重子音字
　【45】x
　【46】ch, tch
　【47】j, dge
　【48】sh
　【49】ng

【50】ck
【51】th
【52】qu
【53】e, i, y, o
【54】ee, ie, ye, oe, ue
【55】a◻e, e◻e, i◻e, y◻e, o◻e, u◻e

なお、ハンドアウトはありませんが、これ以降、次のような規則とそれにあてはまる語を扱うことができます。

cとg

c[ス]	e, i, y の前にある c は、s と同じ音で読みます。
	cell, ice, face, cent, rice, space
c[ク]	上以外の場所にある c は、k と同じ音で読みます。
	cat, camp, cop, cut, cup, club
g[ヂ]	e, i, y の前にある g は、j, dge と同じ音で読みます。
	gin, gym, age, huge, page, stage
g[グ]	上以外の場所にある g は、k の濁音で読みます。
	gas, gap, god, gun, bag, pig

2 文字の母音

oi, oy[オィ]	[オ]の音が[イ]に近づいて終わる音です。
	oil, boil, point, coin, boy, toy
ai, ay[エィ]	a の文字名と同じ発音です。[エ]の音が[イ]に近づいて終わる音です。
	rain, nail, train, day, say, play
au, aw[オー]	[オゥ]とならないよう、同じ音を伸ばして発音します。
	Paul, launch, law, hawk, lawn, crawl
eu, ew[ユー]	u の文字名と同じ発音です。唇を細く突き出して発音します。
	deuce, dew, mew, new, newt, stew

第3章 語を教える

第1節 文字・綴りと発音の関係に着目して

oa [オゥ]	o の文字名と同じ発音です。[オ]の音が[ウ]に近づいて終わる音です。 boat, soap, coat, goal, road, coast
ou [アゥ]	[ア]の音が[ウ]に近づいて終わる音です。 out, loud, round, sound, count, south
ow(1) [アゥ]	ou と同じ発音です。[ア]の音が[ウ]に近づいて終わる音です。 how, now, town, crown, owl, brown
ow(2) [オゥ]	o の文字名と同じ発音です。[オ]の音が[ウ]に近づいて終わる音です。 bow, low, snow, slow, show, throw
ea(1) [イー]	e の文字名と同じ発音です。 eat, tea, team, seat, cream, peach
ea(2) [エ]	e の読み方2つのうちの、文字名でないほうと同じ発音です。 head, bread, health
oo(1) [ウー]	唇を細く突き出して言います。u の文字名を発音するときと同じ唇の形です。 zoo, moon, pool, food, boot, tooth
oo(2) [ウ]	唇をあまり突き出さずに言います。 book, good, look, foot, wood, cook
ie(2) [イー]	e の文字名と同じ発音です。 field, piece, brief, priest, thief, shield

コラム

綴りの間違いの修正法

　生徒が綴りを間違えたとき、どのように修正するのがよいでしょうか。ここでは、「2文字からなる綴り」を書き間違えた場合の修正法について、提案したいと思います。

　その前に、1文字だけ間違えたり、書き忘れた場合は、単純です。足りない文字を書き加えり、間違えた文字を修正するだけです。

　ところが、essay を essey と書き間違えた場合も、e に線を引いてその近くに a を書くだけでよいのでしょうか。そのような場合、「(2文字からなる)綴り」であること、つまり、ここでは「ey ではなくて ay を使うんだよ」ということを意識させるために、次のような修正法がより適切だと考えます。

　表面的な「1字の間違い」を指摘するのではなく、「2文字からなる綴り」のうちの1文字を間違えたんだよ、ということを意識させる方法です。いかがでしょうか。

第2節 筆法に着目して

第2章第4節8.3で、字形に着目して、小文字を分類しました。それは次の通りでした。

> ① lit
> ② zvwxk
> ③ ceo
> ④ adqg
> ⑤ yu
> ⑥ bp
> ⑦ nhmr
> ⑧ s, f, j

ここでは、この分類を活用しながら、筆法に意識を向けた語の書き方を練習したいと思います。Sassoon (1990) の分類を借りて、次のようにまとめ直し、それぞれのグループに名前をつけてみます。

> （ア）　lituyj　　　　　「縦線系／下コブ系」
> （イ）　rnmhbp　　　　「上コブ系／時計回り系」
> （ウ）　adgqceo　　　　「反時計回り系」
> （エ）　sf　　　　　　　「両回り系」
> （オ）　vwxzk　　　　　「斜線系」

これをもとに、以下のような構成のハンドアウトを作りました。ここにある語を書くことで、英語の文字に特徴的な筆法、つまり手指の動きを身につけさせることができます。ここでも、活動の目的に合わせて、語の意味に触れることはしません。

▶【56】〜【63】語を書く

【56】(ア)の文字からできる語
【57】(ア)と(イ)の文字からできる語
【58】(ウ)の文字からできる語
【59】(ア)と(ウ)の文字からできる語
【60】(イ)と(ウ)の文字からできる語
【61】(ア)と(エ)の文字からできる語
【62】(ウ)と(エ)の文字からできる語
【63】(オ)とその他の文字からできる語

手書き文字の「間違い」

　生徒が書いた語が、読みにくいことがあります。よくある例を以下に挙げ、その理由を考えてみたいと思います。

lcnuw? lcnuh?
いえ、know です。o の上部が閉じず、w の入りの位置が上過ぎます。

lcind?
いえ、kind です。k の縦棒と右側が離れていることが問題です。

breael?
いえ、bread です。最後の a から d へのつなぎで環状部分ができてしまいました。

alveudy?
いえ、already です。r が基本線上で分岐を始めています。a の上部が開いてしまっています。

yow?
いえ、you です。u の最後のハネが大きくなってしまいました。

o'cloek?
いえ、o'clock です。c の巻き込みが強くなってしまいました。

ofteu?
いえ、often です。n と u の区別が不十分です。

cowect?
いえ、correct です。r が下から分岐し、2 つの r がくっついてしまいました。

scdded?
いえ、scolded です。o と l の位置が近いので、1つの文字のように見えます。

howv?
いえ、hour です。u のハネが大きくなり、r が下から分岐してしまいました。

avvived?
いえ、arrived です。r が下から分岐しています。

sets?
いえ、gets です。g の楕円の閉じが不完全です。

tuke ott?
いえ、take off です。a の上部が開いてしまいました。また、f の頭部の曲がりが不足です。

uas?
いえ、was です。w の 2 つ目の v が基本線につかず、そのあとのはね上げも不十分です。

subordinete?
いえ、subordinate です。n から a に線がつながり a が e に近くなりました。

　こうした例を見たら、上の写真の右に書いたような「？付きの読み間違い」を書き、なぜそのように見えてしまうのか、本人に考えさせたいものです。

第4章

文を教える

第1節 文の指導事項

2語以上からなる句や文の書き方の指導も、忘れてはならない事柄です。

第1章第2節の「英語の文字に対して生徒が抱く疑問」の中でも述べたように、英語は一般的な日本語の書き方と異なり、語と語の間にスペースを空けて書く「分かち書き」の言語です。まず、このことをしっかり教える必要があります。また、文の書き出しの語の最初の文字は大文字で書くという決まりも指導しなくてはなりません。

さらに、終止符(.)、疑問符(?)、感嘆符(!)と呼ばれる文末の符号のほか、コンマ(,)、アポストロフィ(')といった日本語にはない符号の使い方についても指導する必要があります。

以上については、これまでも十分な指導がされてきたように思いますが、それに加えて英語には、コロン(:)、セミコロン(;)、ハイフン(-)ダッシュ(―)などの符号のほか、斜字体(イタリック体)と呼ばれる文字の使い方もあります。

こちらについては、その指導は必ずしも十分ではなかったように思います。けれども、こうした符号や文字の使い方は、コミュニケーションの正確さにもつながる重要な事項ですから、折りに触れて、適切な指導を行なっていくことが大切です。

さらに、段落の示し方も、原稿用紙がある日本語と異なりますから、指導が必要となります。

第2節 語と語の間の空け方

英語は「分かち書き」の言語ですから、1つの語を構成する文字同士は比較的密接させます。ばらばらに並んだ文字列でなく、全体でひとまとまりの語であることがよくわかるようにするためです。その一方、語と語はその境目がよくわかるよう、適切なスペースを空けて書くのが英語の書き方です。これを確

認するために、次のようなハンドアウトを用意します。実際に生徒に配布するときには、教科書の本文に差し替えてもよいでしょう。

▶ 【64】英語を書くときのルール①

　これを見せ、この書き方のどこが良くないのか、また、どう修正すればよいのかを問います。生徒とのやりとりで、語間に注意が向いたところで、語と語の間には、「小文字の"n"か"o"1文字分のスペースが必要である」と伝え、ハンドアウトの各行のすぐ下の4線上に正しく書き直させます。

　このスペースについては、ともすると「単語と単語の間は"少し"空けて書きましょう」といった漠然とした指示になりがちです。上のように具体的に示すことで「"少し"ってどれくらいだろう」という生徒の不安は解消され、適切な語間が伝わります。また、このような説明をしておけば、語間を詰め過ぎた生徒や空け過ぎた生徒に対して、「このスペース、"n"か"o"1文字分かな？」と具体的に質問して、自己修正させることもできます。

　なお「語と語の間は小文字1文字分空けます」という説明を見ることがありますが、これは不正確です。というのも、英語の小文字はiやlとmやwでは「小文字1文字分」に大きな違いがあるからです。もちろん、nやoと同じ幅の文字であれば、その文字を"ものさし"として使っても構いませんが、"n"か"o"を使うことが一般的です。

第3節　大文字と斜字体の使い方

　大文字の使い方は、およそ以下のように分類できます。

大文字

《使い方1》　文頭の語の最初の1文字。

例：What time is it?　It is already ten thirty.　We will be late.
　　（何時だろう？　もう10時半だ。遅れちゃう）

《使い方 2》　固有名詞（人名・地名）・その派生語の最初の 1 文字。

　2 語以上からなる場合には、定冠詞・前置詞を除き、それぞれの語を大文字で始めます。

例：John Lennon, New Zealand, the United States of America, English-speaking people（英語話者）, Japanese-American（日系アメリカ人）

　なお、MacDonald, FitzGerald など、一部の姓では語中でも大文字を使うことがあります。また、商標名の iPhone®, iPod® などにおける大文字の使い方は、特殊なものです。

《使い方 3》　月名、曜日名、歴史的な行事・出来事名の最初の 1 文字。

　2 語以上からなる語の場合には、冠詞を除き、それぞれの語の最初の文字を大文字にします。

　月名・曜日名は、神の名や人名など、固有名詞が語源になっているものが多いため、大文字が使われ、それが他の語源の語にも適用されました。

例：Saturday（ローマ神話における「農耕神 Saturnus の日」から）、July（「ジュリアス・シーザーJulius Caesar の生まれ月」から）、Christmas（「キリスト Christ のミサ mass」から）、the Second World War / World War II（第 2 次世界大戦。II は two と読みます）

《使い方 4》　人称代名詞の I。

　もともと文中では、大文字が小さくなっただけで同じ形の小文字を使って i と書いたのですが、字幅も字高も最小の文字で見づらく、見落としやすかったために、大文字で書くことになりました。

例：Cathy and I went to the movie last Saturday.
　　（キャシーと私は先週の土曜日、映画にいきました）
　　Do I have to come tomorrow again?（明日も来なくちゃいけないんですか？）
　　I think I moved to this village nine years ago.
　　（この村には 9 年前に引っ越してきたと思います）

〈補足〉メールなどでは大文字に変換する煩わしさを避け、小文字のままの i を使うこともよく見られます。

《使い方 5》　新聞の見出し。

それぞれの語を大文字で始めます。ただし、書き出しの語でない場合には、冠詞・前置詞は小文字のままにすることもあります。
例：Martin Luther King Wins the Nobel Prize for Peace
〈補足〉新聞の見出しは、すべて大文字で表すこともあります。
例：MEN WALK ON MOON

《使い方 6》 題名（小説・映画・芝居・歌・雑誌・新聞・絵画など）。
　それぞれの語の最初の 1 文字を大文字で書きますが、これは次に説明する斜字体と合わせて使います。

斜字体

《使い方 1》 題名（小説・映画・芝居・歌・雑誌・新聞・絵画など）。
　日本語では、一般には「　」、正式には『　』を使って表しています。
例：*Harry Potter and the Sorcerer's Stone*（『ハリーポッターと賢者の石』）
　　The Wizard of Oz（『オズの魔法使い』）
　　God Save the Queen（英国国歌『女王陛下万歳』）
　　The New York Times（『ニューヨークタイムズ』紙）
　　The Sunflowers（『ひまわり』ゴッホの描いた絵画）

《使い方 2》 文中で際立たせたい特定の語。
例：I cannot see anything. What can *you* see?
　　（私には何も見えないんだけど。あなたには何が見えるの？）
　　Are you sure you were there yesterday? ― Yes!　I *was* there.
　　（昨日そこにいたって本当？―うん。間違いなくいたよ）
　　Did you say *r*eport or *d*eport?
　　（reportって言ったの？それともdeportって言ったの？）

《使い方 3》 英語にとっての外国語。
例：*Kendo* is not as popular as judo in this country.
　　（この国では、剣道は柔道ほどの人気はない）
　　＊judo は英語として受入れられているが、kendo は外国語扱いということがわかる。

〈補足1〉パソコンなどを使って書く場合には、斜字体(イタリック体)にしますが、試験の答案など手書きの場合には、無理に斜字体を真似て書くことはしないで、通常の文字で書いたあと、下線を付けて表します。
〈補足2〉《使い方2》の斜字体は、音読する際には、ゆっくり丁寧に声も大きめに読みます。3つ目の例では、通常のアクセントの位置を変えて、re- や de- の部分をゆっくり丁寧に、声も大きめに言います。

第4節 句読点の使い方

　英語には英語の「句読法」があります。使い方が日本語と似ているものもありますが、日本語にはない句読点(符号)もあり、説明がないと使い方がわからないものもたくさんあります。

　(?)と(!)のように、現在では日本語で日常的に使っている符号もありますが、(.)や(" ")のように、働きは日本語の(。)や(「　」)に似ているのに、形がまったく異なるものもあります。さらに、日本語にはない句読点(')(,)(;)(:)もあります。

　句読点によっては、その形がデザイン上のもので、手書きでは別の形で書いてもよい場合があります。しかし、それは生徒には判断がつきませんので、適切な説明をしなくてはなりません。また、それぞれの符号の形に加え、4線上のどの位置(高さ)に書くか、また、その前後にスペースが必要かどうかということも、あわせて伝える必要があります。

　英語の句読点について、基本的な使い方を記した、次のハンドアウトを配布して、説明を加えながら、生徒には4線の上に実際に書かせてみるとよいでしょう。

▶【65】英語を書くときのルール②

　そのあとは、次のハンドアウトで確認します。

▶【66】英語を書くときのルール③

英語の句読点

　指導しなくてはならない句読点について、以下、詳しく説明します。なお、句読点の前後にスペースがいるかどうかについては、最も標準的だと思われるものを記しました。英米によって、また、出版社によって異なることもあります。

| . | 終止符　【米】period　【英】full stop |

《位置》　基本線の位置に書きます。ただし、4線の引いてあるノートや基本線が書いてある解答用紙などでは、見やすさを考え、基本線よりわずかに上に書きます。

《書き方》　小さい点です。鉛筆の芯をトンと紙につけただけでもよいのですが、小さ過ぎて目立たない場合には、鉛筆の芯を一箇所に留めたまま、グルグルと回して、少し点を大きくするとよいでしょう。日本語の「読点(、)」のように右下に伸ばしてはいけません。

《スペース》　直前の語や文字との間にスペースは空けません。終止符のあとは、文末であれば(《働き1》の場合)小文字の"n"か"o" 2文字分のスペースを空けてから次の文を、文中であれば(《働き2》の場合)小文字の"n"か"o" 1文字分のスペースを空けてから、次の語を書き始めます。なお、《働き1》でも、キーボードを使う場合には、スペースキー1回分のことがあります。

　e.g. や a.m. のような2文字以上の略語の場合には、文字の間の(.)のあとにスペースは空けません。

《働き1》　文の終わりを示します(質問や、強い感情が込められた文の場合を除きます)。
例：I was born in Hong Kong.　(私は香港生まれです)
　　Don't leave the door open.　(扉を開けっ放しにしないで)

《働き2》　本来の綴りが省略されてできている語であることを示します。
例：p. 8 (← page 8), pp. 10-13 (← pages 10 to 13) / Prof. Jones (← Professor Jones) / Dr. Baker (← Doctor Baker) / Jan. (← January) / Sun. (← Sunday) / N.Z. (← New Zealand)

《働き3》　小数点を表します。
例：1.7320508

《働き4》【英】時刻を表すとき、「時」と「分」の切れ目を示します。
例：8.25 a.m.
〈補足1〉語頭と語末の文字から成る省略語の場合、英国では終止符を付けないのが一般的です。
例：Mr Wells（← mister）/ Mrs Smith（← mistress）/ Mt Fuji（← mount）
　なお、Miss は略語でないので終止符はつきません。Ms. は既婚／未婚に関係なく女性に使える語として、Mrs. と Miss に共通する文字を選んで作られた語で、これも略語ではないのですが、Mr. に倣って米国では終止符を付けます。
〈補足2〉2つ以上の語の頭文字から作られた略語（組織名や国名）であっても、よく知られていて頻繁に使われる略語の場合、終止符は付けないこともあります。
　例：UN（United Nations）, BBC（British Broadcasting Corporation）

| ? | 疑問符　question mark

《位置》　基本線と最高線の間にぴったり収まるように書きます。最後の点は、終止符と同じ位置です。
《書き方》　フォントによっては部分ごとに太さが異なりますが、これはデザインに過ぎません。手書きではすべて同じ太さで書きます。
《スペース》　直前の語、つまり文の最後の語との間にスペースは空けません。疑問符のあとは小文字の "n" か "o" 2文字分のスペースを空けてから、次の文を書き始めます。なお、キーボードを使う場合には、スペースキー1回分のことがあります。
《働き》　質問の文がここで終わることを示します。
例：Is this your key?（これ、あなたの鍵？）
　　Will it be rainy tomorrow?（明日雨は降るんですか？）
　　What brought you here?（ここに来るきっかけは何だったんですか？）

| ! | 感嘆符　【米】exclamation point　【英】exclamation mark

《位置》　基本線と最高線の間にぴったり収まるように書きます。最後の点は、終止符と同じ位置です。
《書き方》　最後の点以外の部分は、フォントによっては、野球のバットのように上が太く、下が細くなっているものもありますが、これはデザインです。手書きではすべて同じ太さで書きます。

《スペース》 直前の語、つまり文の最後の語との間にスペースは空けません。感嘆符のあとは小文字の"n"か"o"2文字分のスペースを空けてから、次の文を書き始めます。キーボードを使う場合には、スペースキー1回分のことがあります。

《働き》 強い感情が込められた文がここで終わることを示します。

例：How stupid!（馬鹿だねぇ〜！）
　　Don't move!（動くな！）
　　I can't believe this!（信じられな〜い！）
　　Fire!（火事だ！）
　　Wow!（わぁ、すごい！）

| " " | 引用符 | (double) quotation mark(s), (double) quote(s) |
| ' ' | 引用符 | (single) quotation mark(s), (single) quote(s) |

　　英国では inverted comma(s)（逆さまになったコンマ、カンマ）と呼ぶこともあります。

　　始まりと終わりの符号を区別して、それぞれ opening quotation mark, closing quotation mark あるいは opening quote, closing quote と呼ぶことがあります。

《位置》 最高線（近く）から書き始めます。

《書き方》 丁寧に書く場合には、66と99（あるいは6と9）のような形で環状部分を塗りつぶして書くとよいでしょう。普通の速度で書く場合には66と99（あるいは6と9）の環状部分を省いて " " のように書けば十分です。丸カッコ (( )) を小さくしたような形でも構いません。右下向きと左下向きの短い斜線 " " で引用部分を挟むように書くこともあります。いずれも上から下に向かって書きます。

《スペース》 opening の直前には、小文字の"n"か"o"1文字分のスペースを空けます。closing の直前にはスペースは空けません。closing のあとは、小文字の"n"か"o"1文字分のスペースを空けてから、次の語を書き始めます。

《働き1》 実際の発言をそのまま引用していることを示します。日本語のかぎカッコ「　」に相当します。

《働き2》 特に注目させたい語を示すのに使います。

例：Could you tell me what "insomnia" means?
　　（「インソムニア」の意味を教えてください）

第4章 文を教える

第4節 句読点の使い方　*111*

《働き3》 簡略な表記方法としては、題名(小説・映画・芝居・歌・雑誌・新聞・絵画など)を表すのにも使います。正式には、上で説明したように斜字体(イタリック体)を使います。

例："The Old Man and the Sea" is one of my favorite novels.
　　(『老人と海』は、私が好きな小説のうちの1つです)

〈補足1〉原則的に、米国では double のほうを使い、英国では single のほうを使います。引用の中に、別の引用を入れる場合には、もう一方のほうを使うため、次のような違いが生まれます。

【米】　Ann said, "Louis shouted, 'What a wonderful world!'"
【英】　Ann said, 'Louis shouted, "What a wonderful world!"'
(「『なんてすばらしい世界なんだ！』ってルイが叫んだんだ」とアンは言った)

〈補足2〉引用が2段落以上になる場合には、途中の段落の最後には closing quotation mark をつけません。次の例では、第1段落と第2段落の終わりに closing quotation mark がありません(∧で記したところ)。

　The queen said, "xxx xxxxx xxxx xxxxxxxx xxx xxxxx xxxx xx xxx xxx xxxxx xxxx xxxxxxxx xxx xxxxx xxxx xx xxx xxx xxxxx xxxx. ∧

　"xxx xxxxx xxxx xxxxxxxx xxx xx xx. xxx xxxxx xxxx xx xxxxxxxx xxx xxxxx xxxx xx xxx xxx xxxx. xxxx xx xxx xxxxx xxx xxxxx? ∧

　"xx xxxx xx xxxx xxx xxxx xxxxx xxxxxxxxx xxxx xx."

　The king smiled and nodded.

’　アポストロフィ　apostrophe

《位置》　最高線(近く)から書き始めます。
《書き方》　single の場合の closing quotation mark と同じ形で書きます。
《スペース》　直前にも直後にもスペースは空けません。
《働き1》　いわゆる「縮約形」で使います。本来の綴りであれば、そこに文字があったことを示しています。次の例の下線部が、本来あった文字です。
例：isn't(← is not), won't(← will の別形 woll not), we'll(← we will), who's(← who is, who has), o'clock(← of the clock), rock 'n' roll(← rock and roll)

〈注意〉話し言葉で使われた発音を綴りの上で再現したものです。doesn't は[ダズント]と読みます。[ダズノット]と読むのは間違いです。逆に、does not を[ダズント]と読むのも間違いです。

《働き2》 「(だれだれ)の(なになに)」を表すときに使います。
例：John's bag（ジョンのかばん）
〈補足〉《働き2》の使い方も、歴史的に見ると《働き1》であることがわかります。たとえば、John's bag の John's はかつて［ヂョネㇲ］のように発音し、その発音通りに Johnes と書いていました。やがて［ヂョンㇲ］と変化したのに伴い、それに合わせて、―es の e が省略されて―'s と書かれるようになったものです。

, コンマ comma

《位置》 符号のどこか一部が基本線に触れるように書きます。
《書き方》 single の場合の closing quotation mark と同じ形で書きます。
《スペース》 直前の語との間にスペースは空けません。小文字の "n" か "o" 1文字分のスペースを空けてから次の語を書き始めます。
《働き1》 並記する語句の切れ目を示すのに使います。並記する語句が3つの場合、英国では A, B and C あるいは A, B or C とし、米国では A, B, and C あるいは A, B, or C のように and や or の直前にも付ける傾向があります。
例：The villagers turned out to be vey kind, hospitable people.
　　（村人たちはとても親切で、私たちを温かく迎え入れてくれていることがわかった）
　　The train stopped at Shinagawa, Shin-Yokohama(,) and Nagoya.
　　（その列車は、品川と新横浜と名古屋に停車した）
　　We ate, drank, sang(,) and danced.
　　（食べて飲んで歌って踊った）
《働き2》 意味の切れ目を示すのに使います。
Yes と No のあと：（Is Chris a lawyer? に対して）No, she isn't.（いいえ）
（Would you like to eat something? に対して）Yes, we haven't eaten lunch yet.
（はい、まだお昼を済ませていないものですから）
感嘆を表す語句のあと：Oh, that's great!（おお、スゴイ！）
Wow, look at the rainbow!（わっ、虹、見てごらんよ！）
引用を示唆する動詞のあと：Fred said, "That's not the point."
（「核心はそこじゃないんだな」とフレッドは言った）
呼びかけの前／後：How many times have I told you, Tim?
（ティム君、何度言ったらわかるのかな）
Mom, can you help me in the kitchen?

（お母さん、台所に手伝いに来てくれない？）

選択疑問文の選択肢の前：Which would you like to drink, tea or coffee?
（紅茶かコーヒー、どちらを召し上がりますか）

付加疑問の前：You are turning eighteen next month, aren't you?
（来月で18歳になるんだよね）

I am the next, right?（付加疑問の一種と捉えて）
（次は私ですよね？）

文頭の句や従属節のあと：
For many people in the world, rice is not a daily food.
（世界の多くに人にとって、米は日常食ではありません）

In order to get a good seat, I went to the place early.
（いい席を取ろうと、早めにそこに行った）

Graduating from high school, Vicky began to live by herself.

After graduating from high school, Vicky began to live by herself.

After she graduated from high school, Vicky began to live by herself.
（高校を卒業すると、ヴィッキーは一人暮らしを始めた）

住所や日付を表す語句のあと：She moved to 10 Downing Street, London, SW1A 2AA, UK on July 13, 2016.
（彼女は2016年7月13日に英国（郵便番号SW1A 2AAの）ロンドン市ダウニング街10番地に転居した）

《働き3》 文中や文末に挿入された（補足的な）語句を示すのに使います。2つのコンマで挟まれた部分、あるいは（文末の場合には）コンマ以降を取り去っても、全体の趣旨は変わりません。

挿入された主節の前後：
Ted, I believe, will visit his parents this Christmas.
（テッドは、この冬休みには両親の元を尋ねるはずです）

It will be sunny tomorrow, I'm sure.
（あしたはきっと晴れるよ）

挿入された句や従属節の前後：
The movie is, without doubt, the best I have ever seen.
（その映画は、間違いなく、今まで見た中で最高だ）

This bread, when it is toasted properly, will tastes good.

（このパンは、上手にトーストすると、うまい）
I fell asleep, reading a newspaper.
（新聞を読みながら、眠ってしまった）
関係詞の非制限的用法の前後：
The people, who liked the plan, looked happy.
（人々は、その計画が気に入って、満足そうだった）
Beth had two daughters, who became teachers.
（ベスには娘が2人あって、ともに教員になった）
Last winter we went to Hawaii, where we spent a wonderful holiday.
（去年の冬、私たちはハワイに行って、素敵な休暇を過ごしました）
挿入された名詞句の前後(いわゆる同格)：
Kazuo Ishiguro, the Nobel Prize winner in literature in 2017, was born in Nagasaki in 1954.
（2017年のノーベル文学賞受賞者、カズオ・イシグロは、1954年長崎生まれだ）
Last night I talked with Kathryn, an old friend of mine.
（昨夜、旧友のキャサリンとおしゃべりした）

《働き4》 年号以外の4桁以上の数字を書くとき、thousand, million, billion などの区切りを表します。
例：314,159,265,358
〈補足1〉次の例では、コンマの有無で何を食べたかが変わってきます。小さな符号ですが、大切な役目を果たしています。
例：I ate chocolate cake and pudding.（チョコレートケーキとプリンを食べた）
　　I ate chocolate, cake and pudding.（チョコレートとケーキとプリンを食べた）
〈補足2〉《働き2》の最後の例で、節の順序が入れ替わっている場合、節の切れ目にコンマを使わずに、Vicky began to live by herself after she graduated from high school. とするのが一般的です。これは、接続詞 after を目にした瞬間、そこから新しい節が始まるということが明確にわかるからです。

〈引用符とコンマの使い方〉
　文を引用する場合には次の組合せがあります。特に、コンマの使い方に注目してください。

・伝達部が文頭にある場合（引用部が文末にある場合）
　I said, "＿＿＿＿＿＿＿."
　I asked, "＿＿＿＿＿＿＿?"
　I shouted, "＿＿＿＿＿＿＿!"

・伝達部が文末にある場合（引用部が文頭にある場合）
　"＿＿＿＿＿＿＿," I said.（引用符の中の最後は(.)ではありません）
　"＿＿＿＿＿＿＿?" I asked.
　"＿＿＿＿＿＿＿!" I shouted.

・伝達部が文中にある場合（引用部が文頭と文末に分かれている場合）
　"＿＿＿＿＿," I said, "＿＿＿＿＿."
　"＿＿＿＿＿," I asked, "＿＿＿＿＿?"
　"＿＿＿＿＿," I shouted, "＿＿＿＿＿!"

　このほかにも大切な句読点があります。以下に記したものは、とりわけ学習の初期にはあまり目にすることはないかもしれません。けれども、教科書などに出てきたときには適切に指導する必要があります。

　　 : 　　コロン　colon
《位置》　上の点は中間線、下の点は基本線の上に書きます。
《書き方》　それぞれの点は終止符と同じ形で書きます。
《スペース》　直前にはスペースを空けず、直後の語との間には小文字の "n" か "o" 1文字分のスペースを空けます。
《働き1》　会話の発言者を示します。
例：Doctor: Hello. How are you feeling today?（お加減は？）
　　　Patient: I'm fine.（いいです）
《働き2》　完全な文の形で一般的なことを述べたあと、その文の中に含まれている名詞（相当語句）の具体例を示すのに使います。「つまり、すなわち」という言葉に相当する働きがあります。コロンのあとは、文のことも、文でないこともあります。
例：We visited the major attractions in London: St Paul's Cathedral, Trafalgar

Square, and Covent Garden.（the major attractions in London の具体例を示す印）
（我々は、セントポール大聖堂、トラファルガー広場、コヴェントガーデンといった、ロンドンの主だった観光名所に行った）

Remember the saying: "Never put off until tomorrow what you can do today."（the saying の具体例を示す印）
（「今日できることを明日に延ばすな」という言い習わしを忘れないようにね）

《働き3》【米】時刻を表すとき、「時」と「分」の切れ目を示します。
例：8:25 a.m.

| ; | セミコロン　semicolon |

《位置》 上の点は中間線、下の点は基本線の上に書きます。
《書き方》 上の点は終止符、下の点はコンマと同じ形で書きます。
《スペース》 直前にはスペースを空けず、直後の語との間には小文字の "n" か "o" 1文字分のスペースを空けます。
《働き1》 密接に関連し合っている2つの文であることを示すために、その2文の間で使います。

　セミコロンの直後に and, but, for などの接続詞を使うことはありませんが、therefore, nevertheless, however, moreover, consequently, otherwise, besides などの副詞を使うことはあります。

　セミコロンの前後の2文が並行的あるいは対比的である場合や、第1文の内容の補足を第2文がしている場合があります。

例：The door suddenly opened; a stranger with a gun came in.
〈時間的に密接な2つの出来事〉（いきなりドアが開くと、見覚えのないヤツが銃を持って入ってきた）

Frederic was keen on playing the piano; John loved listening to symphonies.
〈並行的〉（フレデリックはピアノを弾くのに夢中で、ジョンは交響曲を聴くのが大好きだった）

Every member of my family are good at sports; I am the only exception.
〈対比的〉（家族はみんな運動が得意だが、僕だけ例外だ）

It began to rain heavily; consequently the game was called off.
〈2つの密接な出来事。ここでは原因と結果〉（雨がひどく降り始めた。その結果、試合は中止になった）

《働き2》 句や文を並記していることを示します。語や短めの語句であればA, B, and(,) C のようにコンマを使って表すはずのところです。

例：The triathletes swam 1.5 kilometers; they biked 40 kilometers; and they ran 10 kilometers.（トライアスロンの選手たちは、1.5キロ泳ぎ、40キロ自転車をこぎ、10キロ走った）

〈補足〉セミコロンのあとは小文字で書き始めます。

── ダッシュ dash

《位置》 中間線と基本線の間に書きます。

《書き方》 小文字の"n"か"o" 2文字分の長さで書きます。

《スペース》 前後に小文字の"n"か"o" 1文字分のスペースを空ける書き方と空けない書き方があります。

《働き1》 直前で述べた内容を詳しく説明することを示します。「もう少し詳しく言うと」「言い換えると」という言葉に相当します。

例：The parents were happy to hear the news — their child was found safe and sound in the nearby village.
（その知らせを聞いて、両親は嬉しそうだった。（くわしく言うと）近くの村で子どもが無事見つかったのだ）

《働き2》 話の流れを遮って挿入された部分であることを示します。2つのダッシュで挟まれた部分を取り去っても、全体の趣旨は変わりません。

例：Can I borrow — sorry to bother you — something to write with?
（何か書くものを、あ、お仕事中に申し訳ありません、貸してもらえますか？）

《働き3》 予想外のこと・びっくりするようなことが続くことを示唆します。

例：She opened the box and found in it — a gold ring!
（箱を開けてみるとその中にあったのは……（なんと）金の指輪でした）

〈補足〉日本語で「X」や「Y」に対して「X′」や「Y′」を「Xダッシュ」「Yダッシュ」と読むことがあります。しかし、英語では上で見た横棒を dash と呼ぶのですからこの読み方は間違いです。正しくは X prime あるいは Y prime と呼びます。なお「Xダッシュダッシュ」のように呼んでいる「X″」は X double prime と呼びます。

　〈働き2〉の場合には、挿入の前後につけますから、2つのダッシュをワンセットとして使います。

| - | ハイフン　hyphen

《位置》　基本線と中間線の中間に書きます。

《書き方》　小文字の "n" か "o" 1文字分の長さで書きます。

《スペース》　前後ともにスペースは空けません。

《働き1》　2語以上からなる数字や分数であることを示します。

例：forty-four(44), two-thirds(2/3), three-quarters(3/4)

  （ハイフンを使わずに two thirds, three quarters と書くこともあります）

《働き2》　2つ以上の語をつなげて作った語(複合語)であることを示します。数字を含んだ例も多くあります。

例：English-speaking people(英語話者), home-made jam(自家製ジャム),
　　a good-night kiss(おやすみのキス), a ten-year-old girl(10歳の女の子),
　　two ten-dollar bills(10ドル紙幣2枚)

《働き3》　長めの語が行末にきて、その行内に収めることができず、その語の残りの綴りが次の行に続くことを表します。

〈補足〉語を区切る場合、どこで切ってもよいわけではありません。辞書や分綴ガイドを参考にして、適切な切れ目で改行する必要があります。ある辞書(『ジーニアス英和大辞典』)では、見出し語が cer・e-mo・ny のようになっています。これは(-)では改行してよいけれども(・)は音節の切れ目を示すだけで、ここで改行してはいけない、あるいは、しないほうがよいという印です。こうした複雑な規則を考慮すると、辞書などを参考にできない場面では、語の途中で改行することは避けるよう指導するのがよいでしょう。

| ... | 省略符　ellipsis

《位置》　基本線の上に書きます。間にスペースを入れて終止符を3つ並べたものです。

《書き方》　終止符と同じ形です。

《スペース》　前後に小文字の "n" か "o" 1文字分のスペースを空けます。

《働き1》　省略した部分があることを示したり、文が完結していないことを示します。

例：The children sang, "Twinkle twinkle, little star . . . like a diamond in the sky."

  （「光って光ってお星さま……お空の中のダイヤのように」と子どもたちは歌った）

《働き2》　驚きやためらい・言い淀みなど、沈黙の時間があることを示します。

例：Well . . . I'm not sure . . . I mean . . . I can't remember what happened next.
　（あのぉ……はっきりしないんですが……つまり……次に何が起きたか、記憶がないんです）

〈補足〉点の数は 3 つが原則です。これより多く打たないよう指導します。なお、文末では、3 つの点に加えて終止符が付きますので、合計 4 つになることが一般的です。ただし、3 つのこともあります。

第5節　段落の作り方

　段落を表すのに、日本語では改行した上で、原稿用紙を使っている場合、1字分空けて（下げて）から書き始めます。英語の場合には、次の2通りの方法があります。

　1つは、小文字の "n" か "o" 2～3 文字分下げる方法です。もう1つは字下げをせず、前の段落との間に何も書かない行を1行作ったあと、つまり1行分空けたあとで、新しい段落を、行の先頭から書き始める方法です。

《字下げの例》

　　　　xxxxx xxxxxxx xxx xxxx xxxxxxxx.　xxx xxxx x xxx.　xxxxxxx xxx xx. xxxxx xxxxxxx. xxx xxxx xxxxxxxx xxx xxxx x xxx.　xxxxxxx xxx xx. xxxxx xxxxxxx xxx xxxx x xxx.

　　　　xxxxxxx xxx xx. xxxxx xxxxxxxx xxx xxxx xxxxxxxx xxx xxxx x xxx. xxxxxxx xxx xx. xxxxx xxxxxxxx xxx xxxx xxxxxxxx xxx xxxx x xxx.

　　　　xxxxxxx xxx xx. xxxxx xxxxxxxx xxx xxxx xxxxxxxx xxx xxxx x xxx. xxxxxxx xxx xx.

《行空けの例》

xxxxx xxxxxxx xxx xxxx xxxxxxxx.　xxx xxxx x xxx.　xxxxxxx xxx xx. xxxxx xxxxxxx. xxx xxxx xxxxxxxx xxx xxxx x xxx.　xxxxxxx xxx xx. xxxxx xxxxxxx xxx xxxx x xxx.

xxxxxxx xxx xx. xxxxx xxxxxxxx xxx xxxx xxxxxxxx xxx xxxx x xxx.

xxxxxxx xxx xx. xxxxx xxxxxxx xxx xxxx xxxxxxxx xxx xxxx x xxx.

xxxxxxx xxx xx. xxxxx xxxxxxx xxx xxxx xxxxxxxx xxx xxxx x xxx. xxxxxxx xxx xx.

> **コラム**

合字について

　このあと、「続け字」の指導について説明しますが、その前に、「フォントの続け字」とでも呼べる現象について少し触れておきます。

　それは、合字(digraph あるいは ligature)と呼ばれるもので、特定の文字と文字が続く場合、デザインの関係で使われます。英語教師になじみがある合字は、たとえば発音記号の æ (a-e digraph または ash と呼ばれます)ですが、普通の文字の中に、さりげなく現れる合字に、次のようなものがあります。

　よほど注意しないと気づけないのですが、どの部分が合字になっているかわかるでしょうか(Times New Roman というフォントの例です)。

　　fiction　　flower

合字でなければ次のようになります。見比べてみてください。

　　fiction　　flower

　合字 fi では、i の点が f の書き始めに"吸収"されてしまっていて、i の点が消えたように見えます。また、合字 fl では f の横棒が l とくっついています。

　このほかに ff, ffi, ffl という文字の連続にも合字があります。

　こうした文字の連続が、合字であることに気づかない生徒(そして教師)も多いのですが、気づいて、たとえば「fiction の i の点はどこにいってしまったんだろう」と不思議に思う生徒もいます。教科書などでは、あえてこうした合字を使わない配慮をしている場合もありますが、一般の書籍・雑誌・新聞などでは、デザインを重視した合字が使ってあるのが普通です。扱っている教材の中に合字が現れたときには、ぜひ説明しておきたいものです。

なお、&にも触れておきたいと思います。この「記号」(ampersandと言います)がandを意味することはよく知られていて、実際、文中にあれば、"and"と読みます。実は、この「記号」も一種の合字です。

　これは、ラテン語でandを意味する"Et"の2文字が合体したものです。

$$Et \rightarrow \mathcal{E}t \rightarrow \mathcal{E}\!\ell \rightarrow \&$$

　フォントによって、デザインが大きく変わることがありますので、次のようなものを生徒に示して、同じ合字の変形であることを伝えておいてもよいでしょう。

&　(Apple Chancery)
&　(Briem Handwriting)
&　(Comic Sans)
&　(papyrus)
&　(Chicago)

　ちなみに、「〜など」を表すのにetc.という略語を使うことがあります。日本語では「エトセトラ」と言っていますが、このetc.の中に含まれているetは上で見た、andの意味のラテン語です。etc.は終止符(.)がついていることから想像できるように、略語です。略さずに書くとet ceteraとなり、etはそのままで、ceteraをc.と略して、語と語の間のスペースを省いてetにくっつけてしまったものが、etc.です。なお、ceteraは「残りのもの」を表すので、et ceteraを英語で言い換えれば、"and the rest"あるいは"and the other things"となります。

第5章

続け字を教える

第1節 続け字の利点

　学習が進んで英語(語や文・文章)を一度にたくさん書く機会が増してくると、一文字ごとに離して書くのが、面倒に感じるようになることがあります。すでにある程度の速さで正確に書けるようになっている段階ですから、芯・ペン先を紙から離さずに、続けて次の文字を書くほうが便利だと感じるかもしれません。そんな生徒のためには、これから紹介する「続け字」を指導するのがよいでしょう。ただし、文字と文字を pen lift なしで書き続ける書き方もあるということを、時期を見て伝えることは大切ですが、強制する必要はありません。常に続け字を書くことにするかどうか、あるいは、時と場合によっては書くことにするかどうかは、あくまで生徒本人の意思や希望に委ねます。

　さて、その続け字ですが、もちろん筆記体のことではありません。第1章第1節で述べたように、これまで学習してきた現代体の文字の間に「接続線」を補うことによって文字と文字をつなげて書くことを指します。

　あらためて、例をご覧ください。

《語》

cry, rain, advice, full, kite, true

《文》

Pack my box with five dozen liquor jugs.

　いかがでしょうか。これまで学習してきた文字の形がそのままに保たれていますから、それほど複雑になったという感じはしないのではないかと思います。と同時に、1つの語の中の隣の文字同士がつながっているため、語がかたまりとして見え、文の中では語と語の切れ目がわかりやすくなったと感じるのではないでしょうか。

　では、実際に練習する前に、文字の書き終わり(終点)と書き始め(始点)のパ

ターンを見ておくことにします。というのも、手前(左側)の文字の終点と次(右側)の文字の始点との関係で、文字のつなげ方が決まってくるからです。

書き終わり(終点)の位置

まず、終点の位置を見てみましょう。2文字続けて書いた場合の<u>左側の文字の書き終わり</u>がどうなっているか、ということです。

終点の位置	終筆の方向	該当する文字
最高線		なし
中間線	→	r, f*, t*
	↗	v, w
	↖	o
中間線と基本線の間	↗	c, e
	↓	a, d, h, i**, l, m, n, t**, u
	↘	k
基本線	これより下の文字は、原則的に次の文字に続けません	
	↙	x
	←	b, p, s
	→	z
最低線	↓	q
	←	f**, g, j**, y

(*第2画の横棒から続ける場合)
(**横棒・点を、語の綴りの最後に書く場合)

書き始め(始点)の位置

続いて、始点の位置を確認します。今度は、2文字続けて書いた場合の<u>右側の文字の書き始め</u>がどうなっているのかの確認です。

始点の位置	初筆の方向	該当する文字
最高線	↓	b, h, k, l
	←	f
最高線と中間線の間	↓	t
中間線	↓	i, j, m, n, p, r, u, y
	↘	v, w, x
	→	z
	←	a, c, d, g, q, s
	↗	o
中間線と基本線の間	↗	e
基本線から始まる文字		なし
最低線から始まる文字		なし

続け方の型(パターン)

　わずか26文字しかない小文字ですが、「終点や始点の位置」「初筆や終筆の方向」が実に多岐にわたっていることがわかります。とすれば、それだけ多くの文字の続け方があることになります。

　たとえば、aとmを続ける場合には、aの終筆をはね上げてmの始点まで接続線を伸ばせば、ただちにmを書き始められるのですが、aとdを続ける場合には、aの終点からはね上げた線をdの始点まで伸ばしたあと、その線を→型に折り返さないとdを書き始めることはできません。

am

ad

　続け字の指導にあたっては、このことを念頭に、文字と文字の続け方を丁寧に指導する必要があります(実は、かつて中学校で筆記体を教えていた時期にも、同様の指導は必要だったのですが、めったに行なわれず、どのように文字を続けるかは生徒任せでした)。

次の表は、2文字続けたときの左側の文字の終点の位置と、右側の文字の始点の位置を示したものです。

[手書き小文字 接続法]

高さ			右側の文字の始点の高さ								
			最高線		間1	中間線				間2	基本線	最低線
			→	←	→	→	↘	↗	↗		
			マ マ	折り返し	マ マ		マ マ	↗	↘	マ マ	
		初筆の方向	b, h, k, l	f	t	i, j, m, n, p, r, u, y	v, w, x, z	a, c, d, g, q, s	o	e		
	終筆の方向											
最高線	→	r, f*, t*	11	12	13	14	15	16			
中間線	↗	v, w	21	22	23	24	25	26			
	↘	o									
	↗	c, e	31	32	33	34	35	36			
間	→	a, d, h, i**, l, m, n, t**, u	41	42	43	44	45	46			
	↗	k									
基本線	→	f**									
	↘	x									
	↓	b, p, s									
	↗	z									
最低線	↓	q				(quのみ)					
	↙	f**, g, j**, y									

*第2画の横棒から続ける場合
**点・横棒を語の綴りの最後に書く場合

間：中間線と基本線の間
間1：最高線と中間線の間
間2：中間線と基本線の間

数字(11〜46)を書き込んだ箇所ごとに、つなげ方が異なることがわかると思います。つまり、この表のように詳細に見た場合には、英語の文字には、およそ24通りもの続け方があるということになります。

　なお、この表には灰色で塗りつぶしてある枠があります。ここに該当する文字同士は原則的に続け字にしません。

　右側の文字につなげない(左側の)文字は次のようなものです。

> ①終点が最低線で終わる文字
> 　f, g, j, q, y (このうち、f, g, j, yは②にも該当)
> ②終点の筆法が左方向(←か↙)の文字
> 　b, p, s, x
> ③終点が基本線上で、筆法が右方向(→)の文字
> 　z

　g, j, yの3文字については、筆記体では基本線の下で環状部(loop)を作って続け字にしますが、現代体では、環状部によって線が交錯して判別しにくくなることを避けて、続け字にはしないという原則で指導したほうがよいでしょう(ただしこれは、書き慣れていき、急いで書いたととき(ママ)に、環状部ができてしまうことを禁じるものではありません)。

　以上、小文字について見ました。

　大文字はどの文字も、次に続く小文字とは続け字にはしないのが原則です。

第2節 続け字の練習（筆法に着目して）

続いて、第3章第2節で練習した語を、今回は続け字で書いてみることにします。

すでに説明した通り、下の10文字は次の文字に続けて書くことはしないのが原則です。

> ①終点が最低線で終わる文字
>   f, g, j, q, y（このうち、f, g, j, yは②にも該当）
> ②終点の筆法が左方向（← か ↙）の文字
>   b, p, s, x
> ③終点が基本線上で、筆法が右方向（ ↘）の文字
>   z

また、連続する文字の種類によっては、上下（↕）あるいは右左（⇌）の折り返しが含まれる場合もあります。「続け字の型（パターン）」で練習したときと違い、今回はランダムに現れます。

また、続け字ですので、i, jの点、f, tの横棒は最後にまとめて書いてみてください（jは続け字にしませんから、点を打ってから次の文字に移ります）。

ハンドアウトの構成は、第3章第2節と同じで、次の通りです。

（ア）	lituyj	「縦線系／下コブ系」
（イ）	rnmhbp	「上コブ系／時計回り系」
（ウ）	adgqceo	「反時計回り系」
（エ）	sf	「両回り系」
（オ）	vwxzk	「斜線系」

▶【67】〜【74】続け字の練習
　【67】（ア）の文字からできる語

- 【68】（ア）と（イ）の文字からできる語
- 【69】（ウ）の文字からできる語
- 【70】（ア）と（ウ）の文字からできる語
- 【71】（イ）と（ウ）の文字からできる語
- 【72】（ア）と（エ）の文字からできる語
- 【73】（ウ）と（エ）の文字からできる語
- 【74】（オ）とその他の文字からできる語

【新旧『学習指導要領』(小・中)文字関係対照表】

2008年3月公示(2010年度全面実施) 中学校学習指導要領 外国語 英語 第2 各言語の目標及び内容等　英語			2017年3月公示(2020年度全面実施) 小学校学習指導要領[第3学年及び第4学年] 外国語活動 第2 各言語の目標及び内容等　英語		
			1 目標		
				(1) 聞くこと	ウ 文字の読み方が発音されるのを聞いた際に、どの文字であるかが分かるようにする。
2 内容			2 内容[第3学年及び第4学年]　[知識及び技能]		
(1)言語活動		(…)次の言語活動を3学年間を通して行わせる。	(3) 言語活動及び言語の働きに関する事項 　①言語活動に関する事項		
	ウ 読むこと	(ア)文字や符号を識別し、正しく読むこと。		ア 聞くこと	(ウ)文字の読み方が発音されるのを聞いて、活字体で書かれた文字と結び付ける活動。
	エ 書くこと	(ア)文字や符号を識別し、語と語の区切りなどに注意して正しく書くこと。			
(3)言語材料					
	イ 文字及び符号	(ア)アルファベットの活字体の大文字及び小文字			
		(イ)終止符、疑問符、コンマ、引用符、感嘆符など基本的な符号			
(4)言語材料の取扱い					
		ア 発音と綴りとを関連付けて指導すること。			
3指導計画の作成と内容の取扱い			3指導計画の作成と内容の取扱い		
(1) 指導計画の作成に当たっては、次の事項に配慮するものとする。			(2) 2の内容の取扱いについては、次の事項に配慮するものとする。		
					イ 文字については、児童の学習負担に配慮しつつ、音声によるコミュニケーションを補助するものとして取り扱うこと。
		エ 文字指導に当たっては、生徒の学習負担に配慮し筆記体を指導することもできること。			

134

2017年3月公示（2020年度全面実施）小学校学習指導要領［第5学年及び第6学年］外国語 第2 各言語の目標及び内容等　英語			2017年3月公示（2020年度全面実施）中学校学習指導要領 外国語 第2 各言語の目標及び内容等　英語		
1 目標					
	(2) 読むこと	ア 活字体で書かれた文字を識別し、その読み方を発音することができるようにする。			
	(5) 書くこと	ア 大文字、小文字を活字体で書くことができるようにする。（…）			
2 内容 ［第5学年及び第6学年］［知識及び技能］			2 内容 ［知識及び技能］		
(3) 言語活動及び言語の働きに関する事項			(1) 英語の特徴やきまりに関する事項		
	①言語活動に関する事項				
	イ 読むこと	（ア）活字体で書かれた文字を見て、どの文字であるかやその文字が大文字であるか小文字であるかを識別する活動。			
		（イ）活字体で書かれた文字を見て、その読み方を適切に発音する活動。			
	オ 書くこと	（ア）文字の読み方が発音されるのを聞いて、活字体の大文字、小文字を書く活動。			
(1) 英語の特徴やきまりに関する事項					
	イ 文字及び符号	（ア）活字体の大文字、小文字		イ 符号	
		（イ）終止符や疑問符、コンマなどの基本的な符号			感嘆符、引用符などの符号
			3 指導計画の作成と内容の取扱い		
			(2) 2の内容に示す事項については、次の事項に配慮するものとする。		
				イ 音声指導に当たっては、（…）発音と綴りとを関連付けて指導すること。	
				ウ 文字指導に当たっては、生徒の学習負担にも配慮しながら筆記体を指導することもできることに留意すること。	

第2節　続け字の練習（筆法に着目して）　*135*

参考文献

■本書を著すにあたっては、以下のさまざまな書籍またはウェブサイトに書かれた知見を参考にさせていただきました。ここに記して、感謝いたします。

伊村元道・若林俊輔『英語教育の歩み』中教出版、1980

大名力『英語の文字・綴り・発音のしくみ』研究社、2014

隈部直光・佐藤秀志・若林俊輔・塩沢利雄『英語教育の常識』中教出版、1980

小泉均『タイポグラフィ・ハンドブック』研究社、2012

小林章『欧文書体』美術出版社、2005

竹林滋『英語のフォニックス』ジャパンタイムズ、1981

文化庁編『常用漢字表の字体・字形に関する指針――文化審議会国語分科会報告』三省堂、2017

宮田幸一『教壇の英文法 改訂版』研究社、1970

安井稔『英語教育の中の英語学』大修館書店、1973

若林俊輔『英語の文字』岩崎書店、1966

若林俊輔『英語の素朴な疑問に答える36章』ジャパンタイムズ、1990／研究社、2018

Briem, Gunnlaugur S. E., *Handwriting Repair*, http://operina.com/2/205.html, 2008

Department for Education, *English Programmes of Study: Key Stages 1 and 2, National Curriculum in England*, 2013 (PDF)

Department of Education (Tasmania, Australia), *Handwriting*, 2009 (PDF)

Fairbank, Alfred, *A Book of Scripts*, Faber, 1949, 1968, 1977

Gee, Robyn and Carol Watson, *The Usborne Book of English Punctuation*, Usborne Publishing, 1990

Getty, Barbara & Inga Dubay, *Write Now*, Getty-Dubay Productions, 2016

Gourdie, Tom, *A Guide to Better Handwriting*, Studio Vista, 1967

――, *The Puffin Book of Handwriting*, Pelican, 1980

House of Commons Education and Skills Committee, *Teaching Children to Read: Eighth Report of Session 2004-05*, 2005 (PDF)

Jarman, Christopher, *The Development of Handwriting Skills: A Resource Book for*

Teachers, Basil Blackwell, 1979
Matchett, Carol, *Handwriting Practice 1 & 2*, Schofield&Sims, 2012.
Ministry of Education (New Zealand), *Teaching Handwriting*, 1985 (PDF 2008)
Opie, Iona & Peter Opie, *The Oxford Nursery Rhyme Book*, OUP, 1955
Sassoon, Rosemary, *Handwriting: The Way to Teach It*, Leopard Learning, 1990
——, *The Acquisition of a Second Writing System*, Intellect, 1995
——, *Handwriting Problems in the Secondary School*, Paul Chapman Publishing, 2006
——, *Handwriting: The Way to Teach Joined Letters*, 2008 (PDF)
Sassson, Rosemary & Gunnlaugur S. E. Briem, *Improve Your Handwriting*, Teach Yourself, 2014
Smith, Peter & A. Inglis, *New Nelson Handwriting: Teacher's Manual* (Revised Edition), Nelson, 1989
Trask, R.L., *Penguin Guide to Punctuation*, Penguin Books, 1997
tmrowing（松井孝志・ツイッター）https://twitter.com/tmrowing/
tmrowing（松井孝志・ブログ）英語教育の明日はどっちだ！http://tmrowing.hatenablog.com

■ **あるべき文字指導を建設的に論ずるにあたって、次の4冊を批判的に考察しました。**

文部科学省『小学校学習指導要領（平成29年告示）』東洋館出版社、2018
文部科学省『小学校学習指導要領（平成29年告示)解説　外国語活動・外国語編』開隆堂出版、2018
文部科学省『中学校学習指導要領（平成29年告示）』東山書房、2018
文部科学省『中学校学習指導要領（平成29年告示)解説　外国語編』開隆堂出版、2018

■ **次の自著を改変または引用して本書のハンドアウトの一部に取り入れました。**

手島良『英語の文字の練習帳』(『基礎英語1』8月号別冊付録)NHK出版、1995

■筆順については、以下の **penmanship** の本とウェブサイトを参考にさせていただきました。

Bright, John & Reg Piggott, *Handwriting: A Workbook*, Cambridge University Press, 1976

Dallas, Donald, *My First Handwriting Book*, Longman, 1986

Department of Education (Tasmania, Australia), *Handwriting*, 2009 (PDF)

Dwyer, Carolyn, *Handwriting*, Hinkler Books (Australia), 2010

Gourdie, Tom, *The Puffin Book of Handwriting*, Penguin, 1980

Jarman, Christopher, *Handwriting Skills*, Activity Book, Copybooks 1-5, Basil Blackwell, 1982

Matchett, Carol, *Handwriting Practice 1 & 2*, Schofield & Sims, 2012

Ministry of Education (New Zealand), *Teaching Handwriting*, 2008 (PDF)

Smith, Peter & A. Inglis, *New Nelson Handwriting*, Pupils' Books A-B & 1-4, Thomas Nelson and Sons, 1984

Naunton, Jon, *Start by Writing*, Longman, 1985

Philpot, Richard, *English Handwriting: A First Course*, Collins ELT, 1983

Piggott, Reginald, *Handwriting: A National Survey, together with a Plan for Better Modern Handwriting*, George Allen and Unwin, 1958

著者紹介

手島　良（てしま・まこと）
1961年愛知県岡崎市生まれ。武蔵高等学校中学校教諭。1985年東京外国語大学外国語学部英米語学科卒業。1991年英国レディング大学大学院言語学科修士課程（応用言語学専攻）修了。2002～2004年度NHKラジオ「新基礎英語3」講師。著書に『英語の発音・ルールブック』（NHK出版、2004年）、『通じる英語の発音ドリル』（研究社、2006年）、『英語指導技術ガイドQ&A』（共著・開拓社、2014年）、『Expressways』（共著・高校教科書「英語表現I」、開隆堂、2014年）など。一般財団法人語学教育研究所理事。

これからの英語の文字指導――書きやすく　読みやすく

2019年2月28日　発行

著　者	手島　良
発行者	吉田　尚志
印刷所	研究社印刷株式会社
発行所	株式会社　研究社 〒102-8152 東京都千代田区富士見2-11-3 電話（編集）03(3288)7711（代） 　　（営業）03(3288)7777（代） http://www.kenkyusha.co.jp
組　版	株式会社明昌堂
装　丁	Malpu Design（陳湘婷）

KENKYUSHA
〈検印省略〉

ⓒ Teshima Makoto, 2019
ISBN 978-4-327-41100-8 C3082
Printed in Japan